De machtigste chimpansee van Nederland

D1723530

Otto Adang

De machtigste chimpansee van Nederland

LEVEN EN DOOD IN EEN MENSAPENGEMEENSCHAP

UITGEVERIJ NIEUWEZIJDS

Uitgegeven door: Uitgeverij Nieuwezijds, Amsterdam
Redactie: Marlou Wijsman
Vormgeving omslag en binnenwerk: Neno, Amsterdam
Druk: Krips bv, Meppel
Druk omslag: PlantijnCasparie, IJsselstein

ISBN 90 5712 051 8
NUGI 823

Ter nagedachtenis aan Bert Haanstra

INHOUD

DE TIJDMACHINE

proloog

"Je kunt niet helpen het je af te vragen. Zal hij ooit terugkeren? Misschien is hij het verleden in geslingerd en viel hij tussen de bloeddorstige, harige wilden uit de Tijd van de Ongepolijste Stenen; in afgronden van de Krijtzee; of tussen groteske Sauriërs, de enorme bruten van reptielen uit het Juratijdperk. Zelfs op dit moment – als ik de term mag gebruiken – zou hij rond kunnen wandelen op een oölithisch koraalrif waar plesoisaurussen rondspoken, of langs de eenzame zoutmeren uit het Trias. Of ging hij vooruit, naar een van de meer nabije eeuwen, waarin mensen nog steeds mensen zijn, maar met de raadsels van onze eigen tijd beantwoord en onze vermoeiende problemen opgelost?"
H.G. Wells, The Time Machine [1]

Er was een tijd dat ik vrijwel dagelijks een tijdmachine gebruikte. De ene keer wat flitsender dan de andere voerde mijn machine me naar de chimpanseegroep in Burgers' Dierenpark in Arnhem en in zekere zin ook miljoenen jaren terug in de tijd. Terug naar onze voorouders uit de 'tijd van de ongepolijste stenen'.

Natuurlijk zijn hedendaagse chimpansees onze voorouders niet. Maar toch. Ze delen hun directe voorouders met ons. Het erfelijk materiaal van mensen en chimpansees komt voor ruim 98 procent met elkaar overeen. [2] We lijken zo veel op elkaar dat de bioloog Jared Diamond naast chimpansee en bonobo nog een derde chimpansee onderscheidde: de mens. Het zal ongeveer vijf miljoen jaar geleden geweest zijn dat onze gemeenschappelijke voorouders ergens in een Afrikaans regenwoud leefden. Sommigen van die voorouders zetten een stap in de richting van savannebossen en daarmee uiteindelijk – kunnen we nu achteraf zeggen – in de richting van de moderne mens. Ze gingen rechtop lopen, verloren hun lichaamsbeharing en kregen grote hersenen.

Informatie over onze ontwikkelingsgeschiedenis vanaf die tijd is beperkt beschikbaar. De officiële geschiedenis begint pas zo'n 5000 jaar geleden toen het schrift werd uitgevonden. Als we verder terug in de tijd willen gaan, moeten we terugvallen op fossielen, werktuigen en andere overblijfselen. Dan blijkt dat de mens in zijn huidige gedaante pas zo'n 120.000 jaar bestaat. Oudere fossielen vertellen een deel van het verhaal van onze ontwikkelingsgeschiedenis voor die tijd, maar het verhaal is verre van compleet. Duidelijk is wel dat wij mensen in de loop van die vijf miljoen jaar zo sterk veranderd zijn dat onze huidige levens-wijze ons weinig meer over dat verre verleden kan vertellen. Voor de mensapen van het regenwoud ligt dat anders. Bij hen is het heden een betere sleutel tot het verleden.[3] In hun boek *Demonic Males* (in het Ne-derlands vertaald als *Agressieve mannetjes*) betogen Richard Wrangham en Dale Peterson dat we door goed naar de mensapen van het regen-woud te kijken een idee kunnen krijgen van onze gemeenschappelijke voorouder. Het ontbrekende fossiel, de mensaap die ongeveer vijf mil-joen jaar geleden de stap van regenwoud naar savannebossen maakte, zou er als een chimpansee hebben uitgezien. Chimpansees zijn de afge-lopen acht tot tien miljoen jaar opmerkelijk weinig veranderd. Ze leven in een conservatieve habitat, een warm, vochtig, met vruchten bezaaid woud, het Afrikaanse tropische regenwoud. Als je bij chimpansees in een Afrikaans regenwoud bent, is het net alsof je in een tijdmachine ge-klommen bent. Door de wereld van deze uitzonderlijke mensapen bin-nen te gaan, zeggen Wrangham en Peterson, ga je terug in de tijd en vang je een glimp op van onze oorsprong. Het is geen perfect beeld, maar het is verrassend goed. De structuur van het woud is hetzelfde als toen. De mensapen die het erin hebben uitgehouden, zijn ook vrijwel hetzelfde gebleven: ze zijn zwaar gebouwd, hebben een zwarte vacht, een grote mond en grote hersenen, ze lopen op knokkels, hangen aan hun armen en eten fruit.

Arnhem ligt niet in de tropen en Burgers' Dierenpark is geen regen-woud (alhoewel er in 1988 een stukje regenwoud is nagebouwd in Bur-gers' Bush). Toch kreeg ik het gevoel dat mijn fiets een tijdmachine was die me miljoenen jaren terug in de tijd bracht als ik van huis naar het chimpansee-eiland in de dierentuin reed. Over de dijk ging het de Rijn langs, een brug te ver over, het centrum door, langs het park de bult op en via de ingang van het dierenpark om de sleutel naar het verleden op te halen. Met die sleutel kon ik binnenkomen in de speciale observatie-ruimte bij het chimpanseeverblijf. Mijn tijdmachine liet ik boven op de tralies van de nachthokken achter waar de chimpansees nog aan het ontbijt zaten. Dan zette ik een paar ramen in de observatieruimte open. Hangend uit een van die ramen kon ik dan even later, zodra de verzorg-ster de luiken van de nachthokken had opengetrokken, zien hoe de chimpansees het buitenverblijf opkwamen en elkaar begroetten. Samen vormden ze een unieke groep en leidden ze hun eigen leven, net als hun soortgenoten in Afrika. De rest van de dag zouden ze doorbrengen op het eiland. Dat maakte het mogelijk hun gedrag in detail te volgen. Vaak in meer detail dan in de tropen mogelijk is. Als etholoog was het

Het chimpansee-eiland gezien vanuit de observatieruimte.

jarenlang mijn taak om precies dat te doen: het gedrag van de chimpansees volgen en bestuderen. De waarnemingen in Arnhem gaven me soms daadwerkelijk het gevoel dat ik naar voorouders uit een ver verleden zat te kijken op een moment dat ze, voorzien van voedsel, vooral aandacht hebben voor elkaar.

en licht glooiend terrein, vrijwel volledig omgeven door een gracht. Op het terrein staat een aantal bomen, de meeste met blad, maar op het midden van het terrein staan twee hoge kale bomen. Er zijn enkele houten stellages. De grond is bedekt met gras, hier en daar zijn open zandplekken. Tweeëntwintig chimpansees zitten verspreid over het eiland. Het geheel ademt rust. Links zitten een paar vrouwen elkaar te vlooien, rechts zijn wat kinderen aan het spelen. Het valt niet op dat er ondanks de rust toch wat gaande is. Twee mannen zitten bij elkaar in de buurt, met ongeveer drie meter tussenruimte. Een derde man kijkt vanaf een afstandje naar hen. Hij heeft zijn haren overeind en zwaait nauwelijks merkbaar met zijn bovenlichaam heen en weer. Pas als hij na verloop van tijd overeind komt en met nadrukkelijk ingehouden pas in de richting van de twee zittende mannen loopt, trekt hij de aandacht. Hij springt over een van de twee zittende mannen heen. Deze bukt, maakt een karakteristiek oh-oh-geluid, gevolgd door een kort krijsend geluid, maar blijft zitten. De vertoning gaat verder. Wel een kwartier lang. De man loeit, loopt stampvoetend rond, slaat een paar vrouwen en springt nog twee keer over dezelfde man heen. Deze maakt opnieuw het karakteristieke oh-oh-geluid en krijst weer even, maar blijft zitten. De andere van de twee zittende mannen verroert zich niet en geeft geen kik. Ten slotte lijkt de druktemaker het op te geven. Hij gaat vrouwen vlooien. Na een kwartier begint hij toch weer. Hij springt over de beide andere mannen heen, twee keer over de ene en een keer over de andere. Nu maken beiden het oh-oh-geluid, en blijven zitten. Na een vertoning van nog een minuut of tien drukte maken houdt de man het voor gezien. Hij gaat er even rustig bij zitten en loopt dan een andere kant op. Enkele minuten later komt een van de twee zittenblijvers overeind en wandelt op zijn gemak weg.

DE MACHTIGSTE CHIMPANSEE VAN NEDERLAND

Chimpansees

Het chimpanseeverblijf in Burgers' Dierenpark in Arnhem is nog geen hectare groot.[1] Voor mij was het een tijdlang het centrum van de wereld. Ik studeerde biologie aan de Universiteit Utrecht en deed een jaar lang onder leiding van Frans de Waal mee in het onderzoek naar chimpanseegedrag. Lopend langs de rand van de gracht sprak ik enkele uren per dag in een cassetterecorder in wat de chimpanseemannen deden.

Yeroen (midden) en Luit (rechts) zitten te dicht bij elkaar: Nikkie reageert. Hij bluft tegen Luit die hem onderdanig groet. Nikkie springt over hem heen.

De rest van de tijd was ik in het direct naast het eiland gelegen gebouw bezig met het uitwerken en analyseren van de waarnemingen. De chimpanseeman die zich zo druk maakte, heette Nikkie en was sinds twee jaar de leider van de chimpanseegroep. Nikkie was de machtigste chimpansee van Nederland. Van Europa zelfs. Nergens anders op de wereld bestaat een zo grote groep chimpansees in gevangenschap. Alleen in Afrika komen in het wild grotere groepen voor, in en nabij tropische regenwouden.

Een chimpanseegroep in het wild bestaat uit twintig tot honderd individuen die in een gebied van enkele vierkante kilometers rondtrekken. De groep is nooit in zijn geheel bij elkaar. De dieren trekken alleen of in kleinere groepen rond, op zoek naar voedsel (vooral fruit). De samenstelling van de groepjes wisselt voortdurend: chimpanseegemeenschappen zijn flexibel. Veelvoorkomende groepjes zijn mannengroepjes, groepjes bestaande uit vrouwen met hun afhankelijke kinderen en gemengde groepen. Chimpanseemannen verlaten de groep waarin ze geboren zijn nooit: er bestaat een sterke vijandschap tussen mannen van verschillende groepen. Dat uit zich in regelmatige grenspatrouilles, wederzijds intimidatiegedrag en zelfs aanvallen die een dodelijke afloop kunnen hebben. Chimpanseevrouwen leven binnen een gemeenschap relatief zelfstandig ten opzichte van de mannen en van andere volwassen vrouwen. Zij kunnen in tegenstelling tot de mannen wel naar een andere groep overstappen. Dat gebeurt meestal tijdens of vlak na de puberteit. Soms blijft een verhuisde vrouw voor altijd in de andere groep, soms gaat ze weer naar haar eigen groep terug na in een andere groep bevrucht te zijn.

De dagindeling van de Arnhemse chimpansees ziet er wat anders uit dan die van hun soortgenoten in Afrika. Iedere avond tussen vijf en zeven uur gaan ze hun nachthokken in. Als een van de verzorgsters aan komt lopen, nemen ze afscheid tot de volgende dag: ze kussen en omarmen elkaar. In hun nachtverblijven zitten ze alleen of in kleine groepjes. Gescheiden van de mensapen door stevige tralies bedient de verzorgster een voor een de luiken. Dat is zwaar werk, ik heb het zelf ook een tijdje gedaan. Eerst wordt met een kabel de pin die het luik vergrendelt losgetrokken. Pas dan kan het luik zelf via een andere kabel omhooggetrokken worden. Via een gang komen de chimpansees tot voor hun verblijven. Als ook daarvan de luiken opengaan, kunnen ze erin. De volwassen mannen hebben ieder een eigen hok, kinderen slapen bij hun moeder, in een enkel hok zitten twee moeders bij elkaar. De dieren kennen hun eigen hok en gaan zonder problemen naar binnen: daar krijgen ze ten slotte hun eten. Als iedereen in zijn of haar hok zit, controleert de verzorgster eerst of alle luiken goed vergrendeld zijn. Pas daarna opent ze de hekken van de loopgangen. Zo kan ze tot vlak voor de nachtverblijven komen om ieder zijn eten te overhandigen: fruit, groente, apenbrokken en melk.

Het individueel voeren van de chimpansees in de nachthokken is van groot belang. Groepsgewijs eten geven op het buitenterrein zou te veel spanning en ruzie opleveren en de chimpanseesamenleving verstoren. Door het uitgekiende voedersysteem en de ruimte op het buitenterrein leeft in Arnhem geen nerveuze groep vechtende en om voedsel bedelende mensapen, maar een harmonieuze gemeenschap. Ze leven in gevangenschap, maar met veel vrijheid. Hun gedrag is goed vergelijkbaar met dat van chimpansees in Afrika. Ruzie om voedsel is daar ook een zeldzaamheid, want het eten is verspreid aanwezig en de chimpansees trekken rond in kleine groepjes.

Als alle chimpansees voorzien zijn van eten, gaan de traliehekken dicht en de lichten uit. De tralies, de luiken en de veiligheidsmaatregelen zijn er niet voor niets. Chimpansees zijn veel sterker dan mensen, en kunnen op voor mensen onvoorspelbare momenten emotioneel reageren. Directe omgang met chimpansees houdt altijd een risico in, hoe lief en vriendelijk ze ook zijn. In principe gaan verzorgsters en onderzoekers dan ook niet bij de chimpansees in het hok of met hen mee het terrein op. De menselijke bemoeienis is op die manier zo klein mogelijk.

Met het verse stro dat in hun dagelijks verschoonde hok gelegd wordt, maken de chimps 's avonds een nest waarin ze slapen. De volgende morgen reageren ze direct zodra de deur open gaat en de lichten aangeknipt worden. Dat betekent allereerst ontbijt en daarna naar buiten. Eenmaal op het eiland verwelkomen ze elkaar weer. Vrouwen maken contact met elkaar, kinderen zoeken speelkameraadjes op en de volwassen mannen maken met hun haren overeind een imponeerronde om iedereen de gelegenheid te geven onderdanig te doen.

Scheidende interventies

In de tijd dat ik als student onderzoek deed bij de chimpansees, was Nikkie een van de vier volwassen mannen in de Arnhemse groep.[2] Hij werd door de menselijke waarnemers als de leider beschouwd omdat alle andere groepsleden, inclusief de drie andere volwassen mannen onderdanig naar hem deden. Zelf was hij tegen geen van de anderen onderdanig. Nikkie zag er imposant uit. Zijn haren stonden voortdurend een beetje overeind, zodat hij groter leek dan hij in werkelijkheid was. Als hij aan het imponeren of 'bluffen' was, liep hij met zijn haren volledig overeind, stampte met zijn voeten en sloeg met zijn handen op de grond. Dat maakte indruk. Andere chimpansees maakten dat ze aan de kant kwamen en betuigden via een hijgend oh-oh-geluid hun onderdanigheid. Als ze niet op tijd weg waren, kregen ze een klap.

Op het eerste gezicht leek Nikkie de onaantastbare leider. Toch ontbrak er wat aan zijn leiderschap, maar dat zag je pas na langer kijken. Opvallend was dat hij bij ruzies geen steun kreeg van de vrouwen in de groep. Die kreeg Yeroen, een van de andere mannen, wel. De vrouwen betuigden ook vaker hun respect aan Yeroen dan aan Nikkie. Toch was Yeroen niet de leider van de groep. Dat was hij in het verleden wel geweest, maar die positie had hij niet kunnen handhaven. Nu was hij onderdanig ten opzichte van Nikkie. Yeroen nam wel een sleutelpositie in. Het leiderschap in de groep dankte Nikkie feitelijk aan een bondgenootschap met Yeroen. Nikkie en Yeroen traden vaak gezamenlijk op. Ze zaten meestal bij elkaar in de buurt en hielden samen imponeervertoningen. Tijdens ruzies in de groep steunden zij steeds elkaar. Door het bondgenootschap van Nikkie en Yeroen stond de derde man, Luit, buitenspel. Luit was de sterkste van de drie mannen, maar dat was niet voldoende. Af en toe hield hij een imponeervertoning, maar Nikkie remde hem daarin af. Nikkie's bondgenootschap met Yeroen was te veel voor Luit. De vierde man, Dandy, deed niet mee aan de strijd om de macht. Hij zat meestal alleen of samen met een van de vrouwen. Dandy hield zelden een imponeervertoning en niemand deed onderdanig tegen hem. Met ruzies van anderen bemoeide hij zich niet.

Een wijziging van deze ogenschijnlijk stabiele situatie zou pas op kunnen treden als Luit een alternatief zou hebben voor het bondgenootschap tussen Nikkie en Yeroen. In zijn eentje kon Luit onmogelijk tegen die twee optornen. Voor een coup zou hij een of meer samenwerkingspartners in de groep nodig hebben. De verzamelde vrouwen, met als belangrijkste Mama en Gorilla, zouden hem kunnen helpen. Of Dandy zou mee moeten gaan doen in de machtsverhoudingen. Of Yeroen zou losgeweekt moeten worden van zijn bondgenootschap met Nikkie. Van dat alles was geen sprake. Luit bleef alleen maar een potentiële rivaal en geen actieve uitdager. Nikkie zag er nauwlettend op toe dat Luit geen bondgenootschap met anderen aanging. Zijn energieke interventies als Luit contact had met andere groepsleden, leken daar een probaat middel voor te zijn. Door die scheidende interventies werd het voor Luit lastig een band met anderen op te bouwen.

Als Luit contact had met Yeroen of zelfs maar bij hem in de buurt zat, reageerde Nikkie vrijwel altijd binnen een paar minuten. Luit en Yeroen hadden niet veel contact met elkaar, maar elke paar uur gebeurde het wel een keer dat ze bij elkaar in de buurt zaten, op een afstand van een meter of vijf. Meestal begon Nikkie te bluffen in de richting van het tweetal, niet specifiek gericht op een van tweeën. Het deed er niet toe wie van de twee het contact (of de nabijheid) tot stand gebracht had. Meestal verbraken ze een contact vrij snel nadat Nikkie begon te bluffen, en meestal was het Yeroen die vertrok. Soms vertrok een van de twee zelfs al als Nikkie alleen maar naderde of nadrukkelijk hun richting uit keek.

Maar als puntje bij paaltje kwam, kon Nikkie Luit en Yeroen niet dwingen uit elkaar te gaan. Als die twee bij elkaar wilden blijven zitten, dan deden ze dat. Ging Nikkie toch door met zijn pogingen, dan liep hij het risico van een aanval. Door Luit of door Yeroen of door alle twee tegelijk. Het was zeldzaam, maar het is een aantal keren voorgekomen dat Luit en Yeroen gezamenlijk optraden. Bijvoorbeeld toen Nikkie van Luit een klap kreeg terwijl hij in zijn bluf over hem heen sprong. Yeroen sprong op en rende krijsend achter Nikkie aan. Tot een gevecht kwam het niet, maar Nikkie zocht krijsend zijn toevlucht bij twee volwassen vrouwen. Vervolgens zocht hij voorzichtig toenadering tot Luit, die van hem wegliep. Een poging om contact te maken met Yeroen verliep wel succesvol. Hij naderde hem wat onzeker met ontblote tanden, en kuste en omhelsde hem. Nikkie en Yeroen gingen elkaar vervolgens uitgebreid vlooien. Het was weer rustig, maar het was duidelijk dat Nikkie zich niet alles kon veroorloven en met zijn interventies een gecombineerde aanval van Yeroen en Luit riskeerde. In de meeste gevallen liep Luit of Yeroen wel weg, maar vanzelfsprekend was het nooit.

Het leek wel of er een zekere onderlinge verstandhouding voor nodig was, waarbij steeds een van de mannen de gespannen situatie oploste door te vertrekken. Zij het schoorvoetend, zoals bleek uit de tijd die er soms voor nodig was en de kreten van protest die soms klonken. Meestal was Nikkie succesvol, maar iedere keer als hij probeerde Luit en Yeroen uit elkaar te halen was het afwachten of een van de twee daadwerkelijk wegliep. De functie van dergelijke scheidende interventies was daarom waarschijnlijk niet alleen gelegen in het voorkomen van de vorming van ongewenste coalities, maar ook in het testen van het bestaande bondgenootschap. Nikkie's verbod op contacten tussen Yeroen en Luit kon alleen werken als Yeroen een goede relatie met hem prefereerde boven contact met Luit. Iedere succesvolle interventie onderstreepte het succes van de coalitie, maar maakte meteen duidelijk dat Nikkie afhankelijk was van de bereidwilligheid van Yeroen.

Nikkie bleek uiterst selectief te reageren op contacten tussen Luit en Yeroen. Behalve het kortetermijneffect op de contacten tussen Luit en Yeroen was er op langere termijn het effect dat Luit en Yeroen nauwelijks contact met elkaar hadden, veel minder dan Luit en Nikkie contact met elkaar hadden of Yeroen en Nikkie. Luit en Yeroen konden nauwelijks bij elkaar in de buurt zijn zonder dat Nikkie daar ook bij aanwezig was, meestal bluffend, of als derde partij.

Nikkie verstoorde ook Luits contacten met hooggeplaatste vrouwen. Yeroen trad daarbij vaak als Nikkie's assistent op en soms ook als de aanstoker van interventies. Op subtiele wijze vestigde Yeroen dan Nikkie's aandacht op een 'verboden' contact van Luit door zacht te grommen of door contact te maken met Nikkie. Nikkie reageerde dan door het groepje waarin Luit zat te naderen en te bluffen. Yeroen blufte dan vaak met Nikkie mee, soms schouder aan schouder, maar meestal wat meer op de achtergrond.

Chimpanseepolitiek

Het verbond tussen Nikkie en Yeroen leek stabiel. Luit bleef onderdanig tegen Nikkie en Dandy speelde absoluut geen rol van betekenis. In 1980 kwam er onverwacht toch nog een revolutie: Yeroen verbrak de samenwerking met Nikkie. Luit stond onmiddellijk klaar om het leiderschap over te nemen. De gedaanteverwisseling die Nikkie doormaakte was onvoorstelbaar: hij kroop letterlijk door het stof voor Luit. De heerschappij van Luit duurde maar enkele maanden. Op een morgen trof verzorgster Jacky Hommes hem zwaar gewond en onder het bloed aan in een van de nachthokken. Zijn twee rivalen hadden hem blijkbaar gezamenlijk aangevallen, verwond en gecastreerd. In die tijd zaten de mannen nog bij elkaar in de nachthokken. Luit overleed later die dag aan zijn verwondingen. Al deze ontwikkelingen zijn door Frans de Waal beschreven in twee wereldwijd bekend geworden boeken.[3] In *Chimpanseepolitiek* laat hij zien dat de wortels van de politiek ouder zijn

Nikkie, Yeroen en Dandy (v.l.n.r.).

dan de mensheid. De dood van Luit is beschreven in het eerste hoofdstuk van *Verzoening*. Toen Frans de Waal in 1981 naar Amerika vertrok,
werd ik zijn opvolger in Arnhem. Op het moment dat ik de leiding
over het chimpansee-onderzoek van hem overnam, was Nikkie weer de
machtigste chimpansee van Nederland. Jarenlang volgde ik de ontwikkeling van het agressieve gedrag bij de jonge chimpansees die in de
groep geboren waren. Maar ook de verwikkelingen tussen de volwassen
mannen bleef ik nauwgezet volgen. In dagboeknotities tussen de hoofdstukken door zal ik de ontwikkelingen in de strijd om de macht in die
jaren schetsen. Voor mij zijn ze de weergave van de tijd dat het wel en
wee van Nikkie en de andere groepsleden mijn leven van dag tot dag
beheerste. Een tijd waaraan ik nog bijna dagelijks terugdenk. In de
hoofdstukken zelf zal ik een minder aan tijd en plaats gebonden beeld
van het leven in een chimpanseewereld geven. Een beeld waarbij Nikkie en de Arnhemse chimpanseegemeenschap model staan voor onze
oorsprong. Geen perfect beeld, omdat ook chimpansees in de loop van
vijf miljoen jaar veranderd zijn ten opzichte van onze gemeenschappelijke voorouders. Maar wel een beeld dat soms de tijd doet vergeten.

*Nikkie en Yeroen gedragen zich als bondgenoten. Yeroen is duidelijk on-
derdanig tegen Nikkie. Wel wordt Yeroen vaker dan Nikkie onderdanig
gegroet door de rest van de groep en grijpt hij meer dan Nikkie in bij
ruzies. Het is niet duidelijk of Dandy al dominant is over alle vrouwen.
Zelden zie je een vrouw onderdanig tegen hem doen. Zelf is Dandy wel
onderdanig: tegen Nikkie en Yeroen. In geen enkel opzicht gedraagt hij
zich als een rivaal voor deze twee.*

*Toch is Nikkie alert: loeiend en bluffend reageert hij iedere keer als
Dandy in de buurt van Yeroen gaat zitten. Voorlopig lijkt Dandy zich
meer te bekommeren om zijn verhouding ten opzichte van de vrouwen.
Regelmatig probeert hij hen tot wat meer onderdanigheid te bewegen.
Maar ook dat mag niet: Nikkie en Yeroen helpen de belaagde vrouwen
en zetten Dandy steeds weer op zijn nummer. Alleen als Nikkie en Yeroen het te druk met elkaar hebben heeft Dandy kans om tegen de vrouwen te bluffen, bijvoorbeeld als Yeroen protesteert tegen Nikkie's imponeervertoningen. In plaats van hem onderdanig te groeten rent Yeroen
namelijk soms krijsend achter Nikkie aan. Die zoekt dan toevlucht in
een van de kale bomen en kijkt rustig toe hoe Yeroen zich uitslooft en
met uitgestoken handen steun van vrouwen probeert te verwerven.*

*Iedere keer als dat gebeurt, gaan Dandy's haren overeind staan en be-
gint hij zich omstandig te krabben zodra Nikkie in de boom zit. Met
trage pas begeeft hij zich bluffend in de richting van Mama en Gorilla,
de twee belangrijkste vrouwen. Vooral Mama accepteert dat niet en regelmatig escaleren Dandy's acties in een vechtpartij waarbij er van beide kanten geslagen en gebeten wordt. Hoe fel het er soms ook uitziet,
Dandy houdt zich aan de regels en bijt niet met zijn hoektanden. Regelmatig staat Dandy tegenover een front van vrouwen als Mama geholpen
wordt door haar seksegenoten. Alleen Spin helpt haar vriend Dandy
door dik en dun en doorbreekt de vrouwelijke solidariteit.*

*Als er in de groep een vruchtbare vrouw aanwezig is, loopt het iets
anders. In dat geval loopt Dandy rechtstreeks naar die vrouw toe zodra
Nikkie in de boom zit. Hij strekt zijn armen naar haar uit en toont zijn
erectie. Als de vrouw op Dandy's uitnodiging ingaat, volgt er een snelle
paring. Gaat ze niet op zijn uitnodiging in, dan verlaat Dandy haar
weer en begint hij alsnog te bluffen.*

*De afloop is voorspelbaar. Zodra Nikkie en Yeroen hun conflict beëin-
digd hebben, staakt Dandy zijn activiteiten direct en is hij weer een rustige en onopvallende chimpansee. Nadat Nikkie en Yeroen weer contact*

met elkaar gemaakt hebben en er een verzoening heeft plaatsgevonden, jagen ze gezamenlijk achter een van de jongere mannen aan. Vaak is Dandy het slachtoffer van hun demonstratie van herstelde eenheid. Krijsend ontwijkt hij de twee mannen. Het zal geen toeval zijn dat juist hij als mikpunt wordt gekozen.

edere ochtend komt Nikkie samen met de rest van de groep naar buiten. Op een dag wacht hem een verrassing: aan de overkant van de gracht staat een leeuw. Het hoofd van de leeuw beweegt. De chimpansees slaan groot alarm. Alle haren gaan overeind staan, de blikken zijn strak gericht op het gevaar. Zenuwachtig maken ze contact met elkaar. Er klinkt een kakofonie van agressief blaffen en angstig gekrijs. Een volwassen vrouw spuugt in de richting van de leeuw, andere vrouwen en een paar jonge mannen gooien met stokken en stenen. Opvallend afwezig in de voorste linie zijn de volwassen mannen. Nikkie is hoog in een boom geklommen en heeft daar gezelschap gekregen van Yeroen. Dandy maakt van de gelegenheid gebruik om te paren met een vruchtbare vrouw. De leeuw blijft onbeweeglijk staan. Ruim tien minuten gaan de chimpansees tekeer voordat de rust langzaam weerkeert. De leeuw was nep. Hij was er neergezet omdat Bert Haanstra de reacties van de chimpansees wilde vastleggen voor zijn film *Chimps onder elkaar*.[1] Toen Bert klaar was met zijn filmopnamen, haalden we de nepleeuw weer weg. De volgende dag, bij het naar buiten komen, keek Nikkie angstvallig naar de plaats waar een dag eerder de leeuw gestaan had. De rest van de dag keek hij nog regelmatig naar diezelfde plek aan de overkant van het water. Het duurde dagen voordat hij weer in de buurt van de gracht durfde te komen.

2   CHIMPS ONDER ELKAAR

De Arnhemse chimpansees

In een dierentuin hebben chimpansees uiteraard geen last van leeuwen. Maar toch lijken ze een diepgewortelde angst te voelen voor roofdieren. De angst zit zo diep dat zelfs chimpansees die nooit eerder zo'n gevaarlijk dier gezien hebben, heftig reageren als ze er voor de eerste keer één tegenkomen. Katachtigen en reptielen zorgen voor de heftigste reacties, maar elk onbekend of mysterieus object kan een reactie uitlokken. De confrontatie met de nepleeuw was hun eerste contact met 'een leeuw'. Op dezelfde opgewonden, agressieve en tegelijk angstige manier heb ik ze in de loop der jaren zien en horen reageren op een kat die door de struiken heen flitste, op een ontsnapte beverrat die door de gracht zwom, op een dode pad, op een waterschildpad en op hun nieuwe gorillaburen. Dat waren allemaal toevallige bedreigingen. Alleen de nepleeuw was er bewust neergezet om een reactie uit te lokken. Hij was gemaakt door Matthijs Schilder, die de leeuw wilde gebruiken bij experimenten met zebra's. Die onderzocht hij in het safaripark. De fanatieke reacties van de chimpansees stonden in schrille tegenstelling tot de lauwe reacties van de zebra's. Matthijs schepte er achteraf veel genoegen in te vertellen dat 'zijn' zebra's slimmer waren dan chimpansees: zij zouden wél door hebben gehad dat de leeuw niet echt was.

Bij een gevaar van buitenaf zijn de chimpansees opmerkelijk eensgezind. Als ze ooit als groep optreden is het dan. Verdeeldheid bestaat dan even niet. De hele groep richt alle aandacht op het gevaar, al is duidelijk dat niet iedereen bereid blijkt evenveel risico te lopen. De stoere Nikkie, de grote leider, bleek niet de krachtige beschermer van de groep te zijn die je misschien zou verwachten. Ook de andere mannen liepen niet voorop in de strijd tegen het gevaar. Nikkie en de andere mannen bekommeren zich niet zozeer om het groepsbelang als wel om hun eigen belang. Het gedrag van Dandy is illustratief. Voor hem biedt het gevaar een mogelijkheid iets te doen waaraan hij anders niet aan toekomt: paren met een vruchtbare vrouw. Een unieke kans. In het wild komt het overigens zelden voor dat chimpansees belaagd worden door een roofdier. De grootste bedreiging komt meestal van soortgenoten.

Een chimpanseegroep bestaat uit een verzameling individuen die in hetzelfde gebied leven, elkaar kennen en voor een deel familie van elkaar zijn. In Arnhem is er tussen de volwassen dieren geen sprake van familierelaties. De groep werd in 1971 samengesteld uit chimpansees die afkomstig waren uit verschillende dierentuinen en niet aan elkaar verwant waren.[2] Behalve de volwassen mannen, Nikkie, Yeroen en Dandy, bestaat de groep in Arnhem uit een aantal volwassen vrouwen met hun kinderen. Mama is de oudste en meest gerespecteerde vrouw. Ze heeft een dochter, Moniek. Haar beste vriendin is Gorilla, zo genoemd vanwege haar zwarte beharing en rechte rug. Gorilla's geadopteerde dochter heet Roosje. Puist heeft een puist op haar wang. Haar dochter heet Ponga. Jimmy heeft drie zonen: Jonas, Jakie en Jing. Haar vriendin Krom is doof, heeft een verzakking en is niet in staat haar kinderen op te voeden. Spin, met haar lange armen, heeft één zoon: Soko. Tepel heeft opvallend lange tepels en twee zonen: Wouter en Tarzan. De twee jongste vrouwen met kinderen zijn Amber met zoon Asoet en Zwart met dochter Zola. Henny is de jongste volwassen vrouw. Zij heeft nog geen kinderen. Ten slotte is er nog een wees: Fons. Zijn moeder Franje overleed toen hij vier jaar oud was. Mama heeft zich toen over hem ontfermd.

NIKKIE

YEROEN   DANDY

De Arnhemse chimpanseegroep in 1981[3]

MAMA   GORILLA   AMBER ZWART HENNY
  ┊   ┊   ┊   ┊
MONIEK ROOSJE   ASOET   ZOLA

      FONS

    JIMMY   SPIN   TEPEL   PUIST

JONAS JAKIE JING SOKO   WOUTER   TARZAN

      KROM

Nikkie, 16 jaar, de machtigste chimpansee van Nederland dankzij een bondgenootschap met Yeroen. Samen met hem verantwoordelijk voor de dood van Luit in 1980. Stevig gebouwd. Doortastend en vol energie, manifesteert zich nadrukkelijk. Verzoeningsgezind. Met hem weet je waar je aan toe bent.

Yeroen, 18 jaar, sluw en berekenend. Maakt een onbetrouwbare indruk. Zelf ooit leider geweest, maar onttroond door Luit. Door zijn bondgenootschap met Nikkie heeft Yeroen veel invloed teruggewonnen. Yeroen is lager in rang dan Nikkie, maar de vrouwen betuigen hem veelvuldig hun respect.

Dandy, 15 jaar, met een witte baard en priemende ogen. Lager in rang dan Nikkie en Yeroen en nog niet dominant over alle vrouwen. Houdt zich al jarenlang op de achtergrond, maar is niet dom. Moeilijk te doorgronden. Spin, een van de volwassen vrouwen, is vaak bij hem in de buurt te vinden en vlooit hem veel. Dandy laat zich dat graag aanleunen.

Jimmy, 21 jaar, moeder van drie zonen: Jonas, Jakie en Jing. Vriendin van Krom, met wie ze een familiegroepje vormt. Spin hoort daar ook bij. Jimmy's meest karakteristieke houding: liggend. Komt in de rangorde onder Gorilla en Puist.

Krom, 20 jaar, loopt met een kromme rug, heeft een verzakking en is doof. Ze kan alle chimpanseegeluiden maken en laat zich volop gelden in de groep. Lief karakter, maar kan fel uit de hoek komen. Als het aan het eind van de middag tijd is om naar binnen te gaan, hoort ze niet dat het luik opengaat en stoot Jimmy haar aan. Krom kan haar eigen kinderen niet grootbrengen, maar is 'tante' voor de kinderen van haar vriendin Jimmy.

Spin, 21 jaar, heeft lange armen en benen. Vormt samen met Jimmy en Krom een familiegroepje. In rang komt ze, samen met Krom, onder Jimmy. Vaak in het gezelschap van Dandy te vinden, die ze door dik en dun steunt. Het lukte haar niet haar eerste kinderen op te voeden, maar sinds kort heeft ze een zoon: Soko, en met hem gaat het wel goed.

Mama, 25 jaar, de oudste van de groep. Van alle vrouwen het hoogst in rang. Geniet veel aanzien, ook bij de volwassen mannen. Speelt vaak een bemiddelende rol. Tolerant. Moniek is haar dochter. Mama heeft als een soort pleegmoeder voor Henny en Fons gefungeerd. Vormt samen met Gorilla en Roosje een familiegroep.

Gorilla, 24 jaar, zo genoemd vanwege haar donkere uiterlijk en rechte rug. Dol op kinderen. Pleegmoeder van Roosje. Gorilla heeft een sterke band met Mama en staat in rang net onder haar, op gelijke hoogte met Puist.

Puist, 21 jaar, met een grote puist op haar wang. Heeft een mannelijke lichaamsbouw. Weigerde jarenlang te paren, totdat Nikkie haar daar met veel doorzettingsvermogen in 1981 toe dwong. Vormt samen met Tepel een familiegroep en steunt Tepels kinderen tijdens ruzies.

Tepel, 22 jaar, heeft opvallend lange tepels. Pleegmoeder van Wouter, moeder van Tarzan. In rang gelijk aan Krom en Spin. Vlooit haar kinderen zo intensief dat ze een kaal voorhoofd hebben.

Amber, 12 jaar, met grote amberkleurige ogen. Sterk gericht op kinderen. Was een tijdlang tante voor Moniek. Sinds een half jaar moeder van Asoet, die ze geen seconde uit het oog verliest. Lager in rang dan Tepel en Spin.

Zwart, 11 jaar, met een donkere vacht. Rustig en teruggetrokken, maar sociaal vaardig. Moeder van Zola. Lager in rang dan Tepel en Spin.

Henny, 9 jaar. Een zenuwachtig type. Het laagst in rang, wordt vaak als makkelijk doelwit gekozen.

Wouter, 7 jaar en 6 maanden. Van jongs af aan opgevoed door Tepel, lijkt qua uiterlijk veel op zijn natuurlijke moeder Spin. Actief en ondernemend. Broer van Tarzan.

Jonas, 7 jaar, oudste zoon van Jimmy. Niet zo actief als Wouter. Liet zich jarenlang door 'tante' Spin rond dragen. Broer van Jakie en Jing.

Moniek, 4 jaar, dochter van Mama, die haar onvoorwaardelijk beschermt. Moniek is daardoor een beetje verwend. Ondeugend en ondernemend.

Roosje, 2 jaar. Het eerste jaar met de fles door pleegmoeder Gorilla grootgebracht.

Zola, 1 jaar en 6 maanden. Dochter van Zwart. Een schatje.

ʼons, 6 jaar, wees vanaf 4-jarige leef-
ijd. Hoort bij de familiegroep van
Mama en Gorilla. Vrolijk, speels en
riendelijk.

Tarzan, 5 jaar, zoon van Tepel. Broer
van Wouter.

Jakie, 4 jaar, zoon van Jimmy. Broer
van Jonas en Jing. Is veel bij 'tante'
Krom te vinden. Drinkt ook bij haar.
Intelligent.

oko, 6 maanden, zoon van Spin.

Jing, 6 maanden, zoon van
Jimmy, broer van Jonas en Jakie.
Moeilijke jeugd.

Asoet, 6 maanden, zoon van
Amber.

Dit is een momentopname van de groep in 1981. De samenstelling is niet constant. Kinderen worden geboren, soms gaat er iemand dood en af en toe wordt een aantal dieren uit de groep gehaald en naar een andere dierentuin overgebracht. Het eiland is voor dierentuinbegrippen groot, maar niet zo groot dat de groep eindeloos kan doorgroeien. Het maximum is gesteld op een stuk of dertig chimpansees. Ze moeten met elkaar samenleven, want ze kunnen de groep niet verlaten. De chimpansees kunnen zich op het eiland wel aan elkaars directe nabijheid onttrekken, maar zijn altijd binnen gehoorsafstand van elkaar. Op het terrein zijn volop mogelijkheden om te klimmen, te spelen, te rusten en te vlooien. Dat zijn de gebruikelijke activiteiten van chimpansees die voldoende gegeten hebben. In het wild besteden chimpansees een groot deel van hun tijd aan het zoeken van voedsel. Het leven van de chimpansees in Arnhem is vergeleken daarbij ontspannen, maar toch zijn er wel eens spanningen. Die komen vooral voort uit de onderlinge relaties. Want roofdieren zijn er niet, grapjes als met een nepleeuw daargelaten.

Leven in een groep

De reacties op de nepleeuw geven aan dat het soms een voordeel kan zijn om met meerdere dieren samen te leven. Samen sta je sterker. Hoe meer ogen, des te sneller een roofdier gezien wordt. Groepsleden kunnen elkaar waarschuwen voor een naderende vijand of hem gezamenlijk verjagen. Nikkie's reactie toont aan dat je daarbij niet altijd op ieders medewerking kunt rekenen. Er zijn meer voordelen verbonden aan het samenleven in een groep.[4] Individuen kunnen van elkaar leren waar voedsel te vinden is en hoe ze het kunnen bemachtigen. Ze kunnen elkaar helpen, bijvoorbeeld bij het jagen op prooidieren en ze kunnen eten met elkaar delen. Voortplantingspartners zijn in de buurt als je in groepsverband leeft. Kinderen hebben speelkameraden. Volwassenen kunnen elkaars vacht verzorgen en elkaar steunen, troosten en geruststellen.

Toch is het de vraag waarom dieren eigenlijk met elkaar samenleven in sociale verbanden. Want aan het leven in groepsverband kleven ook grote nadelen: dieren van dezelfde soort beconcurreren elkaar om voedsel, om ruimte, om voortplantingspartners. Hoe de balans tussen voor- en nadelen uitvalt, ligt voor iedere diersoort verschillend. Hoe dan ook, het is goed te bedenken dat aan iedere vorm van samenleven een zekere mate van concurrentie tussen de groepsleden inherent is. De voortdurende aanwezigheid van concurrenten kan tot spanningen leiden, bijvoorbeeld bij het verzamelen van voedsel. Vandaar dat de chimpansees in Arnhem hun eten in de nachtverblijven krijgen zodat voedselconcurrentie uitgesloten is. Het dierentuinpubliek kan door de brede gracht en het perk om het chimpansee-eiland geen eten op het buitenterrein gooien. De apen eten buiten op het terrein wel gras, bladeren en eikels, maar daar krijgen ze zelden ruzie over. Soms krijgen ze overdag wat extra eten van de verzorgster. Zolang het eten goed verspreid en in kleine porties op het eiland gegooid wordt, levert dat geen problemen op, juist omdat het een extraatje is. Vooral de chimpansee-mannen hebben de neiging om onder dergelijke omstandigheden onderlinge geschillen snel te vergeten en uitgebreid contact met elkaar te maken.

Dat wil niet zeggen dat er nooit ruzietjes ontstaan naar aanleiding van eten. Zo had Jonas (8 jaar) eens een flinke portie takjes met bladeren weten te bemachtigen. Die zat hij op zijn gemak op te eten, toen de drie jaar jongere Moniek er blijk van gaf dat zij ook wel wat zou lusten. Jonas weigerde iets af te staan en Moniek begon met hem te ruziën. Ze kreeg niets te pakken, begon steeds harder te krijsen en vloog Jonas aan. Mama kwam haar dochter te hulp en zij wist een deel van de buit te veroveren. Maar Moniek zat nog steeds met lege handen. Luid krijsend stak ze haar hand uit naar Jonas om ook een deel. Jonas reageerde niet en kauwde lustig verder. Zonder op of om te kijken stopte Mama haar dochter een aantal bladeren in de hand.

Moeders en hun kinderen kunnen prima samen eten. Vrouwen delen zelden voedsel met andere dan hun eigen kinderen. Volwassen mannen delen wat makkelijker en het is niet ongewoon dat een chimpanseeman voedsel afstaat aan een volwassen vrouw of een kind. Dit 'delen' komt vaak neer op een vorm van tolerantie: de bezitter van het voedsel staat toe dat een ander in de directe nabijheid eet, of zelfs mee-eet van hetzelfde stuk. Een kind eet mee met zijn moeder, of een volwassen man laat toe dat een vrouw een deel van zijn eten afneemt. Soms staat de bezitter pas na aanhoudend bedelgedrag van een ander een deel af. Spontaan delen van voedsel, dat wil zeggen uitgaande van de gever en zonder voorafgaand bedelgedrag van de ontvanger, is zeldzaam bij chimpansees. Maar het komt voor.

Op een dag in de herfst zag ik eens hoe Gorilla met een handvol eikels aan kwam lopen. Ze liep langs Krom, ging zitten en stopte een paar eikels in de hand van Krom. Krom nam ze aan en at ze op. De vrouwen bleven nog even bij elkaar zitten, Krom vlooide Gorilla kort en die liep weer verder. Dat was een van de weinige keren dat ik een chimpansee iets uit zichzelf heb zien weggeven, zonder bedelen en zonder er direct iets voor terug te krijgen. Over het algemeen zijn chimpansees beter in 'voor wat hoort wat'. De verzorgsters maken daar gebruik van als ze er te laat achterkomen dat ze per ongeluk iets in een van de nachthokken hebben laten liggen. In ruil voor een stukje appel is de chimpansee in het hok graag bereid het verlorene te overhandigen.

Bij het samen eten wordt zichtbaar welke apen het goed met elkaar kunnen vinden.[5] Sommige volwassen vrouwen kunnen beter met elkaar dan met anderen opschieten. Hoewel ze niet aan elkaar verwant zijn, vormen ze met elkaar en met hun kinderen binnen de groep een eenheid, die in het wild een familiegroep zou zijn. Mama en Gorilla vormen zo'n 'familie'. Beiden zijn oorspronkelijk ook afkomstig uit dezelfde dierentuin. Hetzelfde geldt voor Jimmy en Krom, die samen met Spin een groepje vormen. Tepel en Puist vormen samen ook een groep. De jongere vrouwen Amber, Zwart en Henny maken niet duidelijk deel uit van een familiegroep.

De verdeling in familiegroepen wordt pas duidelijk als je wat langer naar ze kijkt. Dan valt op dat sommige vrouwen meer tijd met elkaar doorbrengen dan met andere vrouwen en elkaar regelmatig vlooien. Ook als het regent, valt de verdeling in verschillende families op. Chimpansees hebben een hekel aan water.[6] Chimpanseekinderen maken daar gebruik van door met water te gooien om anderen te plagen. De verzorgsters maken er gebruik van door chimpansees die niet willen luisteren, te dreigen met de waterspuit. De chimpanseeangst voor water maakt het ook mogelijk een gracht als afscherming om het eiland te gebruiken. Dat neemt niet weg dat ze water nodig hebben om te drinken, en overdag halen ze dat uit de gracht. Wanneer het regent, zoeken veel chimpansees een schuilplek op. Ze worden niet binnengelaten: in Afrika regent het tenslotte ook. Sommige chimpansees gaan bij regen onder een van de grote bomen zitten, anderen gaan tegen de muur onder de uitkijkpost voor het publiek zitten: daar is het relatief droog. Op een keer had de Jimmy-familie zich tegen de muur genesteld, op het droogste plekje. Twee vrouwen van andere families wilden zich bij hen voegen. Eensgezind optreden van de zonen van Jimmy, met ruggensteun van hun moeder, verhinderde dat. Ze gooiden met zand en deelden klappen uit. De twee vrouwen protesteerden heftig, werden keer op keer verdreven en moesten ten slotte afdruipen. Steeds natter wordend zaten ze de bui uit. Zodra de regen opgehouden was, verspreidden de apen zich weer over het terrein. Zo niet de twee verdreven vrouwen. Die gingen nadrukkelijk op de plaats zitten waar ze even daarvoor niet terecht konden.

Om dergelijke scènes te kunnen aanschouwen moet je het geduld hebben om te blijven kijken, ook als er ogenschijnlijk weinig gebeurt. Als je de relaties tussen de dieren kent, kun je veel situaties al bij voorbaat zien aankomen. Omdat je weet welke dieren bij een bepaalde familie horen, kun je je erop instellen dat de nadering van leden van een andere familie tot actie kan leiden. Ook voor oppervlakkige toeschouwers valt er een hoop te zien en lijkt de amusementswaarde van een groep chimpansees hoog te zijn.

Behalve als er een leeuw staat, trekken de chimpansees zich weinig aan van wat er buiten hun eiland gebeurt. Ze zijn gewend aan grote drommen bezoekers. Hun eigen leven is veel belangrijker. En de chimpansees weten maar al te goed dat die lui langs de gracht toch geen eten gooien en zich niet bemoeien met wat er op het eiland gebeurt. Ook aan de onderzoekers, die dagelijks aanwezig zijn, besteden ze nauwelijks aandacht. Te gewoon. Alleen als een student in de gracht valt – het gebeurt elk jaar wel een keer – is de belangstelling van de chimps tijdelijk gewekt.

De meeste dierentuinbezoekers komen niet verder dan een paar vluchtige blikken en gaan dan weer verder met de verzuchting "dat je er uren naar kunt kijken". Inderdaad. Het dag in dag uit observeren en vastleggen van chimpanseegedragingen mag merkwaardig overkomen, het is de enige manier om wetmatigheden in hun gedrag te achterhalen. Als onderzoeker hoor je je zo weinig mogelijk met de apen te bemoeien. Zelfs als de chimpanseejeugd een student met een stok of steen bekogelt, is het niet de bedoeling dat er teruggegooid wordt. Het gaat erom hun natuurlijke gedrag te observeren zoals ze dat spontaan vertonen. Daarom geven de onderzoekers geen eten aan de apen. Dat doen altijd de verzorgsters en zij zijn het die de apen naar binnen en naar buiten laten. Het is soms moeilijk om je niet mee te laten slepen door je gevoelens. Het kostte me de nodige moeite om nieuwe studenten te doordringen van de noodzaak met hun handen van de apen af te blijven. Het is leuk om, als ze in de nachthokken zitten, contact te zoeken met de apen, maar zij schieten er niets mee op. Onnodig menselijk ingrijpen, hoe verleidelijk misschien ook, doet vooral afbreuk aan het leven dat de chimpansees met elkaar leiden.

Communicatie

Chimpansees praten niet en dat betekent dat gedragsonderzoek aan chimpansees zich per definitie richt op non-verbaal gedrag. Chimpansees communiceren met elkaar door middel van geluiden, gezichtsuitdrukkingen en gebaren. En er zijn ook andere communicatiemiddelen. Is een vrouw in haar vruchtbare periode, dan is Nikkie in haar buurt te vinden. Haar achterwerk is roze en opgezwollen. Nikkie zal met zijn vingers aan haar vagina zitten en de vrouw af en toe vlooien. Op een gegeven moment zal hij met overeind staande haren rechtop gaan zitten, de vrouw aankijken, zijn benen spreiden, zijn opgerichte penis tonen en een arm naar haar uitstrekken. Om de aandacht van de vrouw te trekken zal hij met een stokje of een tak zwaaien of wat zand omhoog gooien. Als de vrouw reageert, draait zij zich om, toont haar achterkant aan Nikkie en zakt ze door de knieën. Hij kan dan met haar paren.

Een simpele interactie als deze geeft aan hoe chimpansees met elkaar communiceren. Het opgezwollen en roze achterwerk van een vruchtbare vrouw is een onwillekeurig signaal, want de betreffende vrouw heeft er geen invloed op. Op grond van hormonale veranderingen in haar lichaam die samenhangen met een eisprong, zwellen haar schaamlippen en het gebied rond de anus op. Die prikkel heeft duidelijk invloed op chimpanseemannen: ze zijn buitengewoon geïnteresseerd in vrouwen met een zwelling. Het feit dat Nikkie aan de zwelling ruikt, geeft aan dat er mogelijk ook een geurprikkel aanwezig is. Voorzover we weten, is er in de vagina geen stof aanwezig die gekoppeld is aan de eisprong. Chimpanseemannen hebben dan ook geen informatie over het exacte moment van de eisprong, en dus over het moment waarop kans op bevruchting het grootst is. De enige informatie die de mannen hebben, is het aantal dagen dat de zwelling duurt. De interesse van de mannen voor een vruchtbare vrouw neemt toe naarmate de zwelling langer aanhoudt. Door zijn erectie nadrukkelijk te presenteren, door de vrouw aan te kijken, door de aandacht van de vrouw te trekken en zijn aanwezigheid kenbaar te maken en door haar met een armgebaar uit te nodigen maakt Nikkie zijn intenties duidelijk.

De meeste van deze signalen zijn visueel: de roze zwelling, de rechtopstaande haren, het aankijken, het presenteren, het armgebaar. Sommige, zoals de zwelling en de haren die overeind staan, zijn onwillekeurig: de chimpansees hebben er zelf geen invloed op. Op andere signalen hebben ze wel invloed. Geluiden en diverse vormen van visuele communicatie zijn het belangrijkst in de communicatie van chimpansees. Ook communicatie via de tastzintuigen is van groot belang. Bij een paring, die kort duurt, komt weinig lichamelijk contact kijken, maar bij het vlooien dat er vaak aan voorafgaat des te meer. Vlooien is een vorm van fysiek contact, net als aanraken, kussen en omarmen. Fysiek contact zegt iets over je relatie met een ander. Fysiek contact kan ook op jezelf gericht zijn, bijvoorbeeld in de vorm van krabben. Een chimpansee die zich krabt, geeft onwillekeurig een signaal van verhoogde spanning of onzekerheid. Chimpansees ruiken wel aan vrouwelijke genitaliën en aan onbekende voorwerpen, maar communicatie via geuren is voor hen minder belangrijk.

Het opvallendst aan Nikkie zijn zijn bluf- of imponeervertoningen. Met zijn haren overeind, nadrukkelijk bewegend, heen en weer zwaaiend, al dan niet met gebruik van takken, stenen in de rondte slingerend, op de grond slaand en stampend, trekt hij ieders aandacht. Soms is zo'n blufpartij ongericht en stopt hij na verloop van tijd vanzelf, in andere gevallen eindigt hij met een snelle spurt en een korte aanval op een of meer anderen. Met samengeperste lippen deelt hij een trap of een klap uit, in zeldzame gevallen bijt hij. Andere chimpansees reageren daar onderdanig of angstig op. Vaak worden onderdanige of angstige signalen al bij voorbaat vertoond in een poging daadwerkelijke agressie te voorkomen: de slachtoffers vluchten weg met hun mond wijdopen, luid krijsend. Sommigen gaan al bij voorbaat aan de kant wanneer ze met een duidelijke hoorbaar, hard oh-oh-hijgen Nikkie voorzichtig zijn genaderd. Anderen blijven zitten en lijken Nikkie's gebluf niet op te merken, maar als hun lippen uit elkaar wijken en de tanden zichtbaar worden in een ontblote-tandengrijns, blijkt dat ze wel degelijk in de gaten hebben wat er gebeurt.

Fysiek contact in de vorm van slaan, trappen, aan de haren trekken of bijten is onaangenaam of zelfs pijnlijk, fysiek contact in de vorm van aanraken of vlooien is juist prettig. Als de ene chimpansee de andere nadert, zijn er vaak signalen te zien die duidelijk maken om wat voor soort contact het zal gaan: agressief of niet agressief, vriendelijk of vijandig. Dat zijn vooral visuele signalen. Lichaamshouding en gezichtsuitdrukkingen spelen daarbij een belangrijke rol. Overeind staande haren en samengeperste lippen wijzen op onvriendelijkheid, zeker samen met dreigende of imponerende gebaren. Door middel van een spelgezicht, waarbij de mond halfgeopend is en de tanden niet ontbloot zijn, kan een chimpansee daarentegen aan een ander duidelijk maken dat hij geen kwaad in de zin heeft en dat de klappen die in andere omstandigheden agressief zouden zijn, niet serieus bedoeld zijn.

Seksuele zwelling (Mama).

Onderdanige begroeting (Wouter naar Nikkie).

Chimpanseecommunicatie

Ontblote tanden (Henny).

Zeuren (Jakie wil drinken bij Krom).

Alarm met haren overeind
(Roosje en Zola zien een schildpad).

Loeien (Mama).

Agressie (Jonas slaat Zwart).

Vlooien (Nikkie en Yeroen).

Bluffen (Nikkie).

Chimpansees gebruiken zo'n dertig verschillende geluiden, die sterk gekoppeld zijn aan emoties.[7] De langgerekte alarmkreten waarvan sprake was toen de nepleeuw werd gesignaleerd, zijn typerend voor situaties waarin chimpansees geconfronteerd worden met iets angstaanjagends of met een onverwachte nieuwigheid. Karakteristiek is ook het vérdragende loeiende geluid, dat chimpansees maken als ze opgewonden lijken te zijn. Het geloei is 's morgens te horen, als de chimpansees elkaar na de nacht weer ontmoeten, op momenten dat er iets gebeurt dat afwijkt van het normale patroon, maar vooral tijdens uitdagende imponeervertoningen. Ieder individu heeft zijn eigen herkenbare geluid. Als Nikkie met een imponeervertoning bezig is waarbij hij ook loeit, kan hij nog meer lawaai maken door tegelijkertijd te stampen of te slaan op de grond, op boomstammen of op resonerende voorwerpen. Soms doet hij dat ritmisch en de chimpanseegroep kreeg een keer bezoek van leden van een band die op zoek waren naar een 'oerritme' om in hun muziek te verwerken. Nikkie was ze van dienst door in de binnenhal tijdens imponeervertoningen indrukwekkende roffels weg te geven.

Chimpansees maken ook verschillende hijgerige geluiden. Het meest karakteristiek zijn de onderdanige begroetingen. Het zijn harde, hijgerige geluiden die klinken als een serie oh-ohs snel achter elkaar. Lagergeplaatsten uiten ze in de richting van hogergeplaatste individuen. Omdat ze er hun stembanden bij gebruiken, zijn die begroetingen duidelijk te horen. Typerend voor die begroetingen is dat ze altijd maar één kant op gaan: van ondergeschikt naar dominant individu. Als Nikkie met een imponeervertoning bezig is, wordt hij onderdanig gegroet door andere groepsleden, die zich klein maken en naar hem toe komen. Tijdens spel is een heel ander soort hijgen te horen, vergelijkbaar met het menselijke lachen.

Als een vorm van agressie gebruiken chimpansees ook geluiden die klinken als een soort fel geblaf. De tanden zijn juist niet ontbloot. In reactie op agressie maken chimpansees harde, schreeuwerige krijsgeluiden, die in diverse gradaties van angst en agressie voorkomen en waarbij de tanden zichtbaar zijn. Ook aan de hand van hun krijsen zijn chimpansees individueel te herkennen. Bij lichtere vormen van angst en onzekerheid worden de tanden geluidloos ontbloot. Kinderen maken vaak klagerige, zeurderige of huilerige geluiden als ze van hun moeder gescheiden zijn of als ze bij hun moeder willen drinken. Chimpansees hebben geen tranen.

Behalve geluiden en gezichtsuitdrukkingen gebruiken chimpansees ook gebaren om te communiceren. Een chimpansee strekt zijn arm en opent de hand met de palm naar boven. Hand uitsteken noemen we dat gebaar. Als je erop gaat letten zie je het vaak. En dan zie je ook dat het nadrukkelijk gericht is op een ander, die erop reageert. Om te begrijpen wat er aan de hand is, moet je de situatie van het moment kennen, maar ook wat eraan voorafging. Je moet de identiteit van degene die zijn hand uitsteekt, kennen en zijn relatie met de ander. Ieder gebaar, ieder geluid, iedere houding en iedere gezichtsuitdrukking vertelt iets over degene die het gedrag uitvoert, over degene op wie het gedrag gericht is en over de relatie tussen die twee.

Als Wouter een hand uitsteekt naar Dandy terwijl hij bezig is met het overeind zetten van een stronk om een boom in te kunnen klimmen, interpreteer ik dat als een vraag om toestemming. In dit geval gaf Dandy Wouter toestemming als eerste de stronk in te klimmen, door uitdrukkelijk de andere kant op te kijken.[8] Als chimpansees ergens in geïnteresseerd zijn, zullen ze er juist strak naar kijken; wegkijken geeft het tegenovergestelde aan. Ook als het om seks gaat, zie je vaak een uitgestoken hand. Wouter steekt bijvoorbeeld zijn hand uit naar Krom, die een seksuele zwelling heeft. Hij nodigt haar uit met hem mee te gaan, naar een plek waar ze ongestoord kunnen paren. Soms steekt hij zijn hand niet naar Krom uit, maar naar Nikkie. Hij vraagt hem in feite zijn toestemming om met haar te mogen paren. In andere situaties kan een uitgestoken hand iets heel anders betekenen, zoals de foto's op de volgende pagina's aangeven.

Al worden de handen in sterk van elkaar verschillende situaties uitgestoken, toch is er ook een overeenkomst. In alle gevallen vertegenwoordigt de uitgestoken hand een vraag, en is letterlijk een vraagteken. Wat er gevraagd wordt, hangt helemaal van de omstandigheden af en van de relatie tussen de betrokkenen. Meestal zijn er heel wat waarnemingen nodig voordat je een signaal of een gedrag kunt plaatsen. Jan van Hooff onderscheidde vijf verschillende gedragssystemen met typerende gedragingen en geluiden: agressie/bluf, opwinding, onderdanigheid, vriendelijk gedrag en spel.[9]

Door de gebaren en geluiden in categorieën in te delen is het voor menselijke waarnemers mogelijk de chimpanseegedragingen te plaatsen. Zo goed als de chimpansees zelf zullen we er wel nooit in worden. Er zitten ongetwijfeld subtiliteiten in hun communicatie die ons ontgaan. Ik herinner me hoe Tepel eens door Jonas lastig gevallen was. Op een gegeven moment ging Tepel helemaal aan de andere kant van het terrein naast Mama zitten. Moniek (5 jaar), de dochter van Mama, zat met haar rug naar Tepel toe. Tepel maakte heel zacht een keelgeluidje. Moniek draaide zich onmiddellijk om en gaf Tepel een kus. Tepel ontblootte even haar tanden. Het was me een raadsel hoe Moniek, die niet gezien kon hebben dat Tepel gepest was, alleen op grond van dat zachte geluidje kon begrijpen dat die behoefte had aan een troostend gebaar.

Wil je het weer goed maken? Je-
roen steekt krijsend zijn hand uit
naar Dandy na een ruzie.

Wil je me helpen? Tijdens een ruzie
met de bluffende Nikkie steekt een
krijsende Yeroen zijn hand uit naar
Mama (met Moniek aan de buik).

Kom je spelen? Moniek steekt haar
hand uit naar Tarzan.

*Wil je met me meegaan?
Wouter steekt zijn hand uit
naar Krom.*

*Mag ik meer eten? Yeroen steekt
zijn hand uit naar de verzorgster
die andijvie als extra eten op het
eiland gooit.*

*Mag ik bij je komen? Hoya steekt
haar hand uit naar Mama.*

— September 1981 —

Er is wat aan het veranderen. Onderdanige begroetingen van Dandy ten opzichte van Yeroen zijn een zeldzaamheid geworden. Als Yeroen bluffend een groep binnenstormt, blijft Dandy rustig zitten, in plaats van zich uit de voeten te maken. Vorige week blufte Dandy zomaar tegen Mama, zonder dat er een ruzie tussen Nikkie en Yeroen aan de gang was. Nikkie reageerde niet. Niet toen Yeroen hem aanspoorde op te treden en niet toen Mama angstig krijsend bescherming bij hem zocht. Nikkie vergewiste zich er alleen van dat Dandy hem zijn onderdanigheid betuigde. Na nog een weigering van Nikkie om tegen Dandy op te treden, begon Yeroen een ruzie met Nikkie.

En er is meer veranderd: de positie van Nikkie is versterkt. Voor het eerst zijn de vrouwen vaker onderdanig tegen hem dan tegen Yeroen. Nikkie grijpt nu vaker dan Yeroen in als scheidsrechter in bij ruzies van anderen. Toen Yeroen zich onlangs bemoeide met een ruzie tussen twee vrouwen, kreeg hij een klap van Nikkie. Dat was nieuw en het effect ervan was overdonderend. De oorspronkelijke ruzie leek vergeten en krijsend ging Yeroen achter Nikkie aan. Nikkie zocht, zoals gebruikelijk, zijn toevlucht in een boom. Maar deze keer zette Yeroen door, ging achter Nikkie aan de boom in en er ontstond een kort maar fel gevecht. Ze beten elkaar. Krijsend kwam Nikkie de boom uit en rende naar Mama. Mama omarmde hem, maar bemoeide zich verder niet met de ruzie. Nikkie ging terug in de richting van Yeroen en boven in de boom laaide de ruzie weer op. Deze keer klom ook Dandy de boom in. Hij richtte zich luid blaffend en krijsend tegen Yeroen. Geconfronteerd met twee tegenstanders liet Yeroen het niet meer op een gevecht aankomen. Hij sprong over naar de naastgelegen boom, liet zich zakken en liep naar ... Mama. Zij kuste hem. Nikkie kwam ook de boom uit en imponeerde kort tegen Yeroen. Onder het toeziend oog van Mama omarmden de twee mannen elkaar en vond de verzoening plaats.

Kent iedereen zijn plaats weer? Nikkie's leiderschap is onbetwist. De dagen en weken die volgen, groet Yeroen Nikkie veelvuldig en hij vlooit hem lang en vaak. Nikkie steunt Yeroen weer tijdens ruzies, ook als Yeroen ruzie heeft met Dandy. Er is zelfs weer een groet van Dandy naar Yeroen te horen, maar Dandy is toch wel iemand geworden om rekening mee te houden.

O p een plek vlak langs de gracht waar dierentuinbezoekers normaal niet kunnen komen, lopen toch mensen. Dandy ziet het en slaakt een alarmkreet. Een paar chimpanseevrouwen stormen luid blaffend die kant op en vervolgens Nikkie en Yeroen ook. Anders dan je zou verwachten toont Dandy geen enkele interesse om zich bij hen aan te sluiten. Hij gaat juist de andere kant op, in de richting van Mama. Die heeft een seksuele zwelling en Nikkie en Yeroen zijn de hele dag bij haar in de buurt te vinden. Voor Dandy is ze daardoor onbenaderbaar. Nu zijn Nikkie en Yeroen afgeleid en ziet Dandy zijn kans schoon. Hij presenteert zich aan Mama en Nikkie heeft niets in de gaten. Het is niet de eerste keer dat een boodschap van Dandy niet in overeenstemming is met zijn gedrag, zodat hij in feite andere groepsleden misleidt en manipuleert. Bij andere gelegenheden deed hij wel eens net alsof hij Yeroen steunde tijdens een ruzie met Nikkie. Als Yeroen dan met verdubbelde energie krijsend achter Nikkie aan ging, nam Dandy de gelegenheid te baat om met een vrouw te paren.

3 NATUURLIJKE INTELLIGENTIE

Werktuigen

Communiceren is informeren. De informatie hoeft niet altijd te kloppen. Door valse informatie te geven is het mogelijk anderen als werktuig voor je eigen doeleinden te gebruiken. Dat vereist natuurlijk geestelijke vermogens. Hebben chimpansees die? Ik herinner me nog hoe ik als kind verbaasd was in een boek plaatjes aan te treffen waarin vergelijkenderwijs de hersenen van verschillende dieren afgebeeld stonden. Veel kleiner dan hersenen van mensen, maar toch. Was dat wel mogelijk? Alleen mensen hadden toch hersenen? Want hersenen waren om mee te denken, en iedereen wist dat dieren niet konden denken. Dat konden alleen mensen, die dankzij hun intelligentie communiceren met een gesproken taal, werktuigen gebruiken, werktuigen maken, beschaving en cultuur hebben. Ik had geen idee dat chimpansees ook werktuigen gebruiken. Niet alleen een geniale enkeling, maar allemaal. Heel vanzelfsprekend, als onderdeel van de dagelijkse routine. Ze drinken water met behulp van een dopje, een fijngekauwd stuk hout of fijngekauwde bladeren. Ze gebruiken stokken en stenen als wapen bij imponeervertoningen, bij verdedigingacties tegen vijanden en om anderen lastig te vallen. Ze gebruiken stokken als hengel of als ladder om bij eten te kunnen komen.[1]

Wouter kreeg een zekere bekendheid doordat Bert Haanstra Wouters inspanningen om met een stronk naar onbereikbare takjes te klimmen op film vastlegde. Niet iedereen was ervan overtuigd dat die filmopname spontaan tot stand was gekomen.[2] Toch was dat wel zo. Chimpansees gebruiken soms een werktuig dat toevallig voorhanden is op de plaats waar ze het nodig hebben, maar meestal zoeken ze eerst een voor hun doel geschikte stok of steen uit, en nemen die dan mee naar de plaats waar ze hem nodig hebben. Wouter was een hele tijd bezig om een geschikte stronk naar de juiste plek te krijgen, door hem te slepen en te rollen, en passant het wiel uitvindend. Met grote vasthoudendheid probeerde hij zijn doel te bereiken. Er waren tijden dat Wouter vrijwel dagelijks probeerde via takken of stronken hoger te reiken. Regelmatig 'testte' hij het beveiligingssysteem dat om de bomen zat, door met een stokje zachtjes de draden aan te raken. Soms was het systeem stuk. Dat maakte over het algemeen niet veel uit, want de chimpansees raakten de draden toch niet aan. Ze namen niet het risico een schok te krijgen. Maar een enkeling bleef het proberen. Als Wouter geen getik hoorde als hij twee draden tegen elkaar duwde, was het systeem niet in werking. Bij zijn boomklimactiviteiten raakte hij dan gewoon de bovenste rand van de metalen beveiliging aan, maar een tak of stronk bleef hij wel gebruiken. Ook Nikkie heeft in de loop der jaren regelmatig via een lange tak of stronk de elektriciteitsdraden omzeild. Soms in samenwerking met anderen, waarbij de ene de stok vasthoudt en de ander erin kan klimmen.[3]

In Afrika gebruiken chimpansees lange grasstengels en stokjes als hengel om naar mieren en termieten te vissen, en stokken en stenen om noten te kraken. Om een noot te kunnen kraken is een harde ondergrond nodig als een soort aambeeld: een boomwortel of een grote steen. Als hamer gebruiken de chimpansees een stevige stok of, voor hardere noten, een steen. Het kraken van noten vereist toepassing van de juiste techniek: de noot moet in de goede positie liggen, de klap op de noot moet goed geplaatst zijn. Hard genoeg om de noot open te krijgen, zonder hem te verpletteren. Kinderen doen er jaren over voordat ze de techniek beheersen. Chimpansees nemen stenen die geschikt zijn als hamer of als aambeeld soms van ver mee. Er zijn plaatsen waar meerdere chimpansees over langere tijd grote aantallen noten kraken. Een toekomstig archeoloog zou er moeite mee hebben vast te stellen of zo'n werkplaats door mensen of door chimpansees is gebruikt.[4] Opmerkelijk is ook dat chimpansees in Afrika in staat zijn tot zelfmedicatie. Tot nu toe zijn dertien verschillende plantensoorten geïdentificeerd die chimpansees gebruiken als geneesmiddel.[5] Als ze ziek zijn, of in een tijd dat de kans op infecties met parasieten hoog is, kauwen ze op delen van bepaalde planten die ze anders niet eten. Die plantendelen smaken bitter en hebben weinig voedingswaarde, maar bevatten wel stoffen die een farmacologische werking hebben.

Wanneer chimpansees werktuigen gebruiken, doen ze dat meestal om voedsel te verkrijgen of te verwerken. Het zijn vooral vrouwen die naar mieren en termieten vissen en noten kraken. Op de tweede plaats komt het gebruik van werktuigen als wapen tegen tegenstanders binnen de groep of vijanden van buiten. Met stokken kun je slaan of gooien, met stenen kun je gooien. Minder vaak komt werktuiggebruik voor andere doeleinden voor. Van Roosje (5 jaar) is wel eens gezien dat ze aan het 'tandenpoetsen' was. Met een stokje peuterde ze een voor een tussen haar tanden en kiezen en haalde dan een slok water waar ze haar mond mee spoelde. Daarna ging ze weer verder met peuteren en vervolgens spoelde ze met bolle wangen haar mond weer.[6] Ook tijdens spel en bij het onderzoeken van onbekende voorwerpen gebruiken chimpansees vaak een stokje om in het voorwerp te steken of er het voorwerp mee aan te raken. Zwart gebruikte eens een stokje om de aandacht van haar dochter te trekken. Zwart wilde blijkbaar verder lopen en hamerde met een stokje op de grond totdat de tien meter verderop alleen spelende Zola (3 jaar) reageerde en met haar meeging. Mannen gebruiken wel eens een takje of gooien zand omhoog om de aandacht van een vruchtbare vrouw te trekken.

Chimpansees gebruiken niet alleen werktuigen, ze maken ze ook. In Afrika ritsen ze bladeren van een takje zodat het geschikt is om mee naar mieren of termieten te vissen. Ook kauwen ze bladeren totdat ze als spons gebruikt kunnen worden. Het is nog nooit gezien – en er zijn ook geen aanwijzingen – dat chimpansees stenen bewerken, dus ze verkeren echt nog in het stadium van de ongepolijste stenen.[7] Ook in Arnhem is te zien dat de chimpansees voorwerpen geschikt maken als werktuig: ze breken bijvoorbeeld takken uit bomen om als ladder te gebruiken. Nog nooit is waargenomen dat een chimpansee een werktuig gebruikte om een ander werktuig te maken, maar Jonas (10 jaar) was bijna zover. Jonas had de gewoonte om met een stok bladeren en takjes waar hij niet bij kon uit afgeschermde bomen te mikken.[8] Gebruik van de juiste stok – niet te lang, niet te kort, niet te zwaar, niet te licht – was belangrijk voor een goed resultaat. Jonas bereikte een hoge

Wouter gebruikt een stok als ladder.

graad van perfectie en verorberde menig blaadje. Het gebeurde wel eens dat de stok in de boom bleef hangen. Jonas zocht dan een andere stok en ging gewoon verder. Maar niet ieder stokje was even lekker om mee te gooien. Als het tweede stokje minder geschikt bleek te zijn, gebruikte hij het niet om meteen weer naar bladeren te mikken, maar om het eerste stokje weer naar beneden te krijgen. Althans, die indruk kreeg ik. Maar het stokje in de boom en de blaadjes bevonden zich in dezelfde richting, zodat er ruimte bleef voor twijfel. Helemaal duidelijk werd het pas toen Jonas op een dag bezig was bij een boom aan de rand van de gracht en het onvermijdelijke gebeurde. De stok viel in de gracht, onbereikbaar voor Jonas. En het was nog wel zo'n lekker stokje, waarmee hij goede resultaten bereikt had. Wat deed Jonas? Hij zocht

Jing hengelt met een stokje in de gracht.

een andere stok en hengelde het eerste exemplaar uit de gracht. Met andere woorden: Jonas gebruikte het ene werktuig om het andere, geschiktere, te bemachtigen, een vorm van 'indirect' werktuiggebruik.[9]

Niet alleen dood, ook levend materiaal kan als werktuig dienen. Jonas gebruikte zijn 'tante' Spin wel als (onvrijwillig) werktuig, bijvoorbeeld als opstapje om in een boom te klimmen. Hij trok haar dan aan een arm mee totdat ze onder een plek waren waar hij naartoe wilde en gebruikte haar als springplank. Dat gaf aan dat hij een vooruitziende blik had, want hij moest Spin echt naar de plaats toe brengen waar hij haar wilde hebben. En hij moest er ook voor zorgen dat Spin niet in de gaten had dat hij haar alleen maar als opstapje nodig had.

Vooruitziende blik

Een vooruitziende blik kan handig zijn om een ander als opstapje te kunnen gebruiken, maar ook om problemen te voorkomen. Door een man die zich krabt tijdig onderdanig te groeten kan een ondergeschikte een blufvertoning of een aanval voorkomen. Nog een stapje verder gaat het om een stok of steen uit de handen van zo'n man te halen, en ook dat gebeurde regelmatig. Gorilla had een andere manier gevonden: zij gebruikte haar dochter Roosje (1 jaar) nog wel eens om Nikkie te sussen, als die zich aan het opladen was voor een imponeervertoning. Door met de kleine Roosje naar hem toe te lopen, verleidde ze Nikkie vaak tot spel met haar dochter. Van imponeren kwam dan even niets. Het is verleidelijk te concluderen dat Gorilla op dergelijke momenten in de gaten heeft wat Nikkie in de zin heeft, maar misschien is haar vooruitziende blik niet meer dan het gevolg van negatieve ervaringen uit het verleden. Voor conditionering zijn geen hoogstaande geestelijke vermogens nodig. Soms ontkom je niet aan de indruk dat chimpansees echt in staat zijn te zien wat voor intentie een ander heeft.

In het chimpanseebinnenverblijf, een grote hal, liggen altijd een aantal autobanden. Die buitenbanden gebruiken de chimpansees om op te liggen en om mee te spelen. Op een dag probeerde Krom een van die banden te pakken. De hal was net schoongemaakt en alle banden hingen keurig op een rijtje aan een van de buizen van de stalen klimstellage. Krom leek een voorkeur te hebben voor een band waarin bij het schoonmaken water was achtergebleven. Toevallig hing de band helemaal achteraan in het rijtje. Krom pakte de band en trok eraan. Zonder resultaat natuurlijk en Krom trok nog eens. Zo ging ze een hele tijd door. Ze probeerde ook nog of ze de band te pakken kon krijgen door hem naar achteren te schuiven. Maar dat ging niet, want daar kruisten twee stalen balken elkaar. Krom besefte niet dat er maar één manier was om de begeerde band te bemachtigen: eerst alle andere banden eraf duwen. Na vele vergeefse pogingen gaf ze het op. Van de chimpansees had niemand enige aandacht voor het gebeuren, behalve Jakie. Krom is zijn tante en Jakie had haar geklungel van een afstandje zitten bekijken, zonder zich ermee te bemoeien. Toen Krom haar vruchteloze pogingen staakte, liep Jakie naar het rijtje banden toe. Een voor een duwde hij alle banden van de buis af en pakte de band waar Krom zoveel moeite voor gedaan had. Voorzichtig, zodat het water er niet uit klotste, bracht hij de band naar zijn tante. Het was duidelijk dat hij in de gaten had met welke bedoeling

Krom aan de band had staan te trekken. Krom nam de band als vanzelfsprekend aan en begon er met haar hand water uit te scheppen.

Om bedoelingen aan anderen toe te kunnen schrijven is kennis nodig
over de eigen intenties.[10] Een individu moet zich een mentale voorstel-
ling kunnen maken van zichzelf en zijn omgeving. Hij moet zich bovendien kunnen voorstellen hoe hij zich tot deze omgeving verhoudt. Jakie
heeft al van jongs af aan blijk gegeven daartoe in staat te zijn. Het was
koddig om hem rond te zien lopen met een emmer op zijn hoofd, zoals
hij graag deed. Op die manier speelde hij met zijn waarneming van zijn
omgeving. Hij botste soms tegen anderen op, of keek plotseling even
onder de emmer uit. Soms legde hij ook een hand op zijn ogen, zodat
hij even niets meer zag. Jakie is ook de enige chimpansee die ik wel
eens een fantasiespelletje zag spelen: een tijdlang liep hij als een kreu-
pele over het terrein, zijn linkerbeen met zich meeslepend. Het volgende moment huppelde hij vrolijk rond. Op andere momenten staarde Jakie in het water van de gracht naar zijn spiegelbeeld. Tarzan (6 jaar) zag

Ponga speelt met haar spiegelbeeld.

47

ik een keer zijn tong uitsteken naar zijn spiegelbeeld. Uit experimenten van Gordon Gallup weten we inmiddels dat chimpansees die gewend zijn aan spiegels, zichzelf herkennen in hun spiegelbeeld.[11] Gallup smeerde reukloze, jeukvrije verf op het voorhoofd van een verdoofde chimpansee. Toen die weer bijkwam, had hij niets in de gaten. Zodra de chimpansee zijn spiegelbeeld zag, wreef hij met zijn vingers over de rode vlek op zijn voorhoofd en rook aan zijn vingers. De chimpansee bracht het beeld in de spiegel met zichzelf in verband. Kennis over een 'zelf' is een voorwaarde om bedoelingen bij jezelf en bij anderen te onderkennen. Dat besef leidt soms tot slimme oplossingen voor sociale problemen.

Dat chimpansees goed in staat zijn situaties en hun mogelijke gevolgen in te schatten, blijkt ook uit het gedrag van Henny. Henny zat op een dag in de buurt van Spin en haar zoon Soko. Spin zat te suffen in de zon en Soko (een halfjaar oud) scharrelde een beetje om haar heen. Spin had niet in de gaten hoe Soko op een gegeven moment in de richting van de elektriciteitsdraden liep. Henny die naar Soko lag te kijken, stond meteen op en gaf Spin een duwtje. Spin stond op en pakte Soko nog net voordat ze de draad aanraakte. Ik vermoed dat Henny Soko niet zelf oppakte, omdat ze lager in rang was dan Spin en wist dat Spin nog wel eens fel kon reageren. Henny schatte de situatie goed in. Wat zou er gebeuren als Soko zou schrikken of krijsend zou protesteren? Wat als Spin zou zien dat Henny Soko pakte zonder dat Spin in de gaten had waarom? Het leek er verdacht veel op dat Henny dat soort misverstanden liever voorkwam.

Het vermogen om intenties aan anderen toe te schrijven maakt de toepassing van sociale strategieën mogelijk. Daarvoor is anticipatie op het gedrag van anderen en planning nodig. Dit vermogen om te anticiperen stelt chimpansees in staat wederkerige samenwerkingsverbanden aan te gaan. Niet alleen 'politieke' samenwerkingsverbanden die erop gericht zijn een hogere machtspositie te bereiken, zoals het samenwerkingsverband tussen Yeroen en Nikkie, maar ook samenwerking onder andere omstandigheden. In Afrika jagen chimpansees soms op andere dieren, zoals bavianen en franjeapen. Vooral de mannen jagen en ze treden daarbij vaak gezamenlijk op.[12] Ze omcirkelen hun slachtoffer en sluiten mogelijke vluchtwegen af. In sommige delen van Afrika gaan chimpanseemannen regelmatig gericht op zoek naar buit. Met een grote mate van onderlinge coördinatie nemen ze in alle stilte posities in die de kans op een succesvolle jacht verhogen. Ze gedragen zich voor en tijdens de jacht zo dat ze nadrukkelijk rekening houden met de mogelijkheden van hun metgezellen. Als de prooi gevangen is, verzamelen alle aanwezige chimpansees zich met veel opwinding krijsend en loeiend rondom de succesvolle jager. Er is volop geruzie om de buit en er zijn veel pogingen tot diefstal. Volwassen mannen trekken aan de prooi om een stuk te bemachtigen of vallen de bezitter van het vlees aan. De meeste andere chimpansees proberen een deel van de buit te krijgen door te bedelen. Soms krijgen ze niks, soms mogen ze een stukje pakken, soms krijgen ze zelfs wat toegestopt.

Misleiding

Om iets te kunnen bereiken is het vaak nodig om samen te werken. Om succesvol samen te kunnen werken is het nodig rekening te houden met en vooruit te lopen op het gedrag van anderen. Bij andere gelegenheden zijn anderen juist een hinderpaal om je doel te bereiken. Ook dan is het handig om te anticiperen op hun gedrag. Soms is misleiding effectiever dan samenwerking, zoals Dandy deed toen hij met een vruchtbare vrouw ging paren nadat hij er eerst toe bijgedragen had dat Nikkie uit de buurt was. Om anderen bewust te kunnen misleiden is het niet alleen nodig bedoelingen aan ze toe te schrijven, maar ook om je erin te verplaatsen hoe zij jou zien. Dandy was zeker niet de enige chimpansee die zijn groepsgenoten wel eens misleidde.

Na een gevecht tussen de drie volwassen mannen leken Dandy en Yeroen veel last van hun verwondingen te hebben. Het opvallende was alleen dat het gevecht een week daarvoor had plaatsgevonden. Sinds het gevecht waren de mannen niet meer gelijktijdig in de groep geweest. Afwisselend hadden ze de dagen in hun eigen nachthok of met de rest van de groep doorgebracht. In die tijd was van hun verwondingen niets te merken geweest. Nu ze voor het eerst weer samen in de groep zaten wel. Yeroen, die heel normaal dagenlang in de groep had rondgelopen, strompelde met één omhooggeheven been rond en Dandy ontzag zijn rechterarm voortdurend. De verwondingen, een week geleden opgedaan, konden de reden niet zijn, want dan zou dat al eerder hebben moeten blijken. Misleiding was het.[13] Van elkaar en vooral van Nikkie, die ik nooit op enige vorm van misleiding heb kunnen betrappen. Dat is meer een karaktertrek dan onvermogen, want Nikkie geeft er blijk van vaardig te zijn in de sociale omgang. Als het gaat om vragen en geven van hulp tijdens ruzies, als het gaat om het aangaan van een langdurig bondgenootschap en het hanteren van een sociale strategie om zijn leiderschap te behouden. In voor-wat-hoort-wat-uitwisselingsrelaties met Yeroen en Dandy slaagt hij er al jaren in de machtigste chimpansee te zijn.

Niet alle gevallen van misleiding vereisen ingewikkelde geestelijke vermogens. Vaak kan het om een vorm van conditionering gaan, bijvoorbeeld als een vrouw geen geluid maakt tijdens een stiekeme paring en zo voorkomt dat zij en haar partner betrapt worden. Of als een chimpanseeman niet laat merken dat hij aandacht besteed aan de imponeervertoning van een andere man. Ook als een moeder haar kind letterlijk het zwijgen oplegt door haar hand over de mond van een blaffend of krijsend kind te leggen en zo ongewenste aandacht van een agressieve man te voorkomen, kan dat het gevolg zijn van eerdere negatieve ervaringen. De misleiding door Dandy vereist meer inzicht en is lastiger te verklaren op grond van conditionering. Bij een andere gelegenheid zat Yeroen op de grond terwijl Roosje (4 jaar) vlak boven hem aan een tak hing. Roosje zwaaide levendig op en neer en trappelde uitbundig met haar benen. Ik had het idee dat Yeroen het lastig vond. Roosje hing echt vlak voor zijn neus. Toch zag ik hoe Yeroen een spelgezicht vertoonde en zijn hoofd speels op en neer bewoog. Maar hij was niet daadwerkelijk geïnteresseerd in een spelletje. Zodra er een voet van Roosje in zijn mond terechtkwam, beet hij. Roosje vertrok krijsend en kwam niet meer terug.

Normaal is een spelgezicht een duidelijk signaal: 'Dit is niet serieus, ik doe je geen kwaad'. Die boodschap kan creatief gebruikt worden. Jimmy gebruikte een keer een spelgezicht om problemen te voorkomen. Ze kreeg ruzie met Soko (2 jaar). Toen Soko hulp ging vragen aan zijn grote vriend Dandy en Dandy dichterbij kwam, draaide Jimmy zich naar Dandy toe en trok een duidelijk spelgezicht dat ze even daarvoor zeker niet had!

Leren

Het gebruiken en zelfs maken van werktuigen, vooruitziende blikken, het toeschrijven van bedoelingen aan anderen, gebruik van sociale strategieën, misleiding, samenwerking: zijn het allemaal slimme streken, of gaat het verder? Hoe groter de noodzaak van samenwerking in een samenleving en hoe groter het belang van een gelijkwaardige verdeling van voordelen, des te belangrijker is het dat groepsleden gevoelig zijn voor elkaars behoeften. Chimpansees geven duidelijk blijk over emotionele intelligentie te beschikken. De chimpanseeprestaties op het sociale vlak zijn indrukwekkender dan hun vaardigheden in de omgang met werktuigen. Chimpanseekinderen moeten veel leren, willen ze als volwassenen kunnen functioneren in een chimpanseesamenleving. In de loop van hun kindertijd doen jonge chimpansees veel ervaringen op. Opmerkelijk is dat ze daarbij maar weinig na-apen. Imitatie, het nauwkeurig nadoen van wat ze zien, komt voor, maar andere leerprocessen spelen een belangrijker rol.[14]

In de loop van hun ontwikkeling brengen moeders hun kinderen vaak in een situatie waarin ze wat kunnen leren. Doordat jonge kinderen altijd bij hun moeder in de buurt zijn, gaat dat als het ware vanzelf. Het gedrag van moeder kan als voorbeeld dienen, maar de kinderen volgen het zelden precies na. Meestal gaan ze zelf experimenteren. Soms spelen moeders een actievere rol bij de opvoeding van hun kinderen, bijvoorbeeld als ze een kind op een leeftijd van een paar maanden een eindje van zich af leggen. Met uitgespreide armen staat de moeder vervolgens te wachten tot het kind naar ze toekruipt, als een 'Wie komt er in mijn huisje?' Moeders wijzen hun kinderen ook op gevaren. Een klein kind dat onbekommerd in de richting van de gracht loopt, zal voordat het de gracht bereikt door de moeder worden opgepakt. Hetzelfde gebeurt wanneer een kind nietsvermoedend in de richting van een bluffende man loopt: de moeder haalt hem weg uit die gevaarlijke situatie. Een kind dat agressief blaft in de richting van een volwassen man, krijgt een hand van zijn moeder over de mond. Vooral Zwart was er goed in te voorkomen dat de onbeschaamdheid van haar kind tot moeilijkheden voor haarzelf zou leiden. Als de kinderen ouder worden, conditioneren de volwassen mannen ze: ze leren de jongens met harde hand dat ze uit de buurt van vruchtbare vrouwen moeten blijven.

Volwassenen, vooral moeders, wijzen kinderen terecht, stimuleren ze, brengen ze in situaties waar ze wat kunnen leren. Moeders fungeren als voorbeeld, maar het is onduidelijk in hoeverre er echt sprake is van onderwijzen, waarbij de een het gedrag van de ander direct vormgeeft. Chimpansees zijn wel ontvankelijk voor instructies en onderwijs. Het bekendst zijn de experimenten waarbij chimpansees een symbooltaal leren. Nikkie is in een vorig leven ook geconfronteerd met de menselijke neiging om apen iets te leren: voordat hij in Arnhem kwam, was hij schaatser bij Holiday on Ice. Soms maakt hij na een imponeervertoning een koprol. Meer is er niet te merken van zijn showverleden.

– Juni 1982 –

Ruim vier jaar nadat haar dochter Moniek is geboren, krijgt Mama voor het eerst weer de roze zwelling die aangeeft dat ze vruchtbaar is. Alle chimpansees van het mannelijk geslacht zijn zeer in Mama en haar zwelling geïnteresseerd. Ook Moniek is niet bij haar moeder weg te slaan. Ze duwt alle jongetjes weg die met Mama proberen te paren. Mama zelf lijkt zich de belangstelling graag te laten aanleunen. Opmerkelijk genoeg is er nog geen enkele keer met haar gepaard. Het afgelopen jaar nam Nikkie steeds het merendeel van de paringen met vruchtbare vrouwen voor zijn rekening. Yeroen paarde ook af en toe, paringspogingen van Dandy werden verhinderd (als de andere twee mannen ze tenminste opmerkten).

Nikkie is wel geïnteresseerd in Mama. Hij heeft haar weliswaar nog geen enkele keer uitgenodigd voor een paring, maar hij inspecteert haar zwelling regelmatig. Vrijwel de hele dag is hij op enkele meters afstand van haar te vinden. Urenlang zit hij intensief met Dandy te vlooien. Dat is verrassend, want tenslotte is Yeroen zijn bondgenoot. Vorig jaar was nog duidelijk te zien hoe Nikkie en Yeroen elkaar meer en langer vlooiden als er een vrouw vruchtbaar was. De verhoogde vlooiactiviteit als er vruchtbare vrouwen in de groep zijn is vermoedelijk het gevolg van de spanning die door paringsdrift en onderlinge jaloezie wordt opgeroepen. Door het vele vlooien vermindert de spanning en kunnen de mannen tot overeenstemming komen over wie er gaat paren. Nu Mama vruchtbaar is hecht Nikkie meer waarde aan goed contact met Dandy dan met Yeroen. Nikkie en Dandy hebben ook opmerkelijk weinig ruzie met elkaar op de dagen dat Mama haar zwelling heeft. En als Dandy ruzie heeft in de groep, kan hij rekenen op de steun van Nikkie. Nog maar kortgeleden was dat ondenkbaar.

De relatie tussen Dandy en Yeroen is ook veranderd: Dandy is absoluut niet meer onderdanig ten opzichte van Yeroen en bluft zelfs af en toe tegen hem. Yeroens reactie is verrassend: hij zoekt toenadering tot Dandy en steunt hem tijdens conflicten. Het levert niks op: Dandy geeft duidelijk de voorkeur aan contact met Nikkie.

Yeroen houdt de twee vlooiende mannen voortdurend in de gaten. Af en toe begint hij zachtjes te loeien, soms barst hij plotseling uit in een oorverdovend gekrijs. Nikkie trekt zich daar niets van aan en vlooit rustig verder. Alleen Dandy staat soms op en zet, met zijn haren overeind, een paar stappen in de richting van Yeroen. Nikkie laat zich niet tot enige actie verleiden die hem uit de buurt van Mama zou brengen en na een tijdje vlooien Nikkie en Dandy weer verder.

De situatie doet denken aan die van enkele jaren geleden. Ook toen haalde Nikkie zodra er vruchtbare vrouwen waren, de banden met de derde man (toen Luit) aan ten koste van die met zijn veeleisende bondgenoot Yeroen. Toen leidde dat tot rebellie bij Yeroen en uiteindelijk de gewelddadige dood van Luit.

Nikkie en Dandy vlooien elkaar.

akie (4 jaar) zit bij zijn 'tante' Krom. Hij probeert bij haar te drinken. Krom duwt hem weg. Jakie begint oorverdovend te krijsen, slaat met zijn handen op zijn hoofd en rolt door het gras. Krom heeft daar geen last van, want zij is doof. Terwijl Jakie zich aanstelt komt de drie jaar oudere Wouter aanlopen: hij slaat Jakie en trekt aan zijn vacht. Dat ziet Krom en ze schiet Jakie onmiddellijk te hulp. Ze rent agressief krijsend achter Wouter aan, graait met haar armen naar hem en probeert hem te bijten. Wouter rent weg in de richting van Tepel. Tepel verdedigt haar zoon en valt uit naar Krom: ze blaft agressief en zwaait met haar armen. De vrouwen staan schreeuwend tegenover elkaar, maar raken elkaar niet aan. Yeroen bemoeit zich ermee en geeft Tepel een harde klap op haar rug. Direct daarna heeft Yeroen een tik van Nikkie te pakken. Hij vliegt krijsend achter Nikkie aan, die de boom in vlucht. Dandy komt er zich mee bemoeien en klimt ook de boom in. Hij blaft tegen Nikkie. De oorspronkelijke ruzie tussen Jakie en Wouter lijkt helemaal vergeten. Na verloop van tijd houdt Yeroen op met krijsen en klimt hij de boom weer uit. Ook Nikkie komt op zijn gemak uit de boom. Hij maakt even contact met Yeroen en gaat rustig zitten.

4 VECHTEN, VLUCHTEN, VERZOENEN

Agressief gedrag

Al het gedrag dat erop gericht is soortgenoten met geweld of dreiging van geweld te beïnvloeden noem ik agressief.[1] Van gewelddadige gedragingen als bijten, aan haren trekken, slaan en trappen is direct duidelijk dat ze een ander pijn kunnen doen of kunnen verwonden. Chimpansee-mannen zijn zwaar bewapend met grote hoektanden en krachtige kaken waarmee ze diepe wonden kunnen maken. Bij de meeste ruzies bijten ze niet. Als ze een vrouw bijten, gebruiken ze hun hoektanden niet. Ook bijten ze niet door. Gevechten tussen mannen onderling zijn zeldzamer en duren maar kort. Tijdens zo'n gevecht kunnen ze hun hoektanden wel degelijk gebruiken. Zelfs dan houden de mannen zich in en bijten ze elkaar op relatief minder kwetsbare plaatsen, zoals vingers en tenen, of op de rug. Die regels gelden zelfs tijdens een machtsstrijd. Een chimpanseeman in Afrika die zijn leiderschapspositie verliest, vlucht in het ergste geval naar de grenzen van het gemeenschapsgebied, waar hij maandenlang eenzaam rondtrekt totdat hij de kust weer veilig acht.

De gewelddadige dood inclusief castratie van Luit in Arnhem was uitzonderlijk. Luit kon niet vluchten en de rest van de groep kon hem niet te hulp schieten omdat de chimpansees in de nachthokken zaten toen het gebeurde. Zijn dood geeft wel aan waartoe chimpansees onder omstandigheden in staat zijn. Een tijdlang leek het of met de dood van Luit een gewelddadiger ontwikkeling was ingezet, waarbij er vaker en ernstiger verwondingen waren. Een aantal keren verloor een van de mannen een deel van een vinger of een teen bij een gevecht op het eiland en twee keer hield Dandy aan een ruzie een wond aan zijn scrotum over. De ontwikkeling zette niet door en steeds weer bleek dat op het buitenterrein de chimpansees excessen weten te voorkomen. Bij een groot conflict dat begonnen was toen Yeroen agressief gromde tegen Dandy, waren Nikkie en Dandy met elkaar aan het vechten. Op een gegeven moment vochten vrijwel alle vrouwen mee tegen Dandy. Hij werd vooral door Nikkie flink in zijn voet gebeten en bleek achteraf ook wonden op zijn hoofd en aan zijn schouder te hebben. Yeroen vocht ook mee in de onoverzichtelijke kluwen. Op het hoogtepunt vloog hij krijsend achter Nikkie aan. Daarmee eindigde het gevecht en voorkwam Yeroen dat Dandy erger gewond raakte.

Bij veel ruzies wordt er niet eens gevochten, maar blijft het bij dreigen. Bepaalde geluiden, zoals de blaffende geluiden, en bepaalde gebaren, zoals het met een ruk omhoog zwaaien van de arm, maken een dreigende indruk. Vergeleken met ander gedrag is de kans groot dat deze geluiden en gebaren gevolgd worden door daadwerkelijk geweld. Ook bluf- of imponeergedrag komt dreigend over. Het maakt een ronduit intimiderende indruk als een chimpansee met zijn haren overeind rondrent, zich grootmaakt, voorwerpen in het rond slingert, op de grond en bomen slaat en stampt. Soms beweegt een bluffende chimpanseeman (want het is meestal een man) zich overdreven nadrukkelijk en langzaam en zwaait hij rechtopstaand zijn armen op en neer. Imponeervertoningen die met veel kabaal en geloei gepaard gaan, hebben vooral tot doel indruk te maken en emoties te ontladen. Ze zijn meestal niet gericht op specifieke individuen. Imponeervertoningen waarbij de bluffende chimpansee geen geluid maakt, monden vaak uit in een rechtstreekse aanval. Ze maken een doelbewuste indruk.

In reactie op geweld of op de dreiging met geweld kan een slachtoffer terugvechten, in elkaar duiken, plotseling achteruit springen, de agressor ontwijken of zich op volle snelheid vluchtend uit de voeten maken. Zeker bij een aanval door een sterkere tegenstander of tegenstanders leidt agressie meestal tot een vlucht en een tenminste tijdelijke vergro-

Nikkie stormt door een groep heen, met blaffend Spin (links), Jonas (midden) en Dandy (rechts).

Jonas (links met haren overeind) heeft ruzie met Tarzan en daagt hem uit.
Tarzan (rechts met ontblote tanden) heeft toevlucht gezocht bij Moniek.

ting van de afstand tussen agressor en slachtoffer. Het gezicht van het slachtoffer vertrekt vaak tot een grimas met de tanden ontbloot. Afhankelijk van de mate van geweld is een zacht klagen, een schel geblaf of een luid gekrijs te horen. Daarmee geven chimpansees uiting aan emoties van onzekerheid, angst of verontwaardiging. In reactie op agressie of bluf door volwassen mannen is ook vaak het snelle, hijgende oh-oh-geluid te horen als teken van onderdanigheid. Deze onderdanige begroetingen zijn strikt eenrichtingsverkeer: alleen van dieren laag in rang naar dieren hoog in rang.

Concurrentie

Als Nikkie Wouter op zijn donder geeft wanneer die met een vruchtbare vrouw aan het paren is of een conflict met Dandy begint als die zich aanbiedt aan zo'n vrouw, is er sprake van concurrentie om seksuele partners. Als Moniek terwijl het regent andere dieren wegjaagt onder de boom waar zij met haar moeder beschutting heeft gevonden, is er sprake van concurrentie om ruimte. Wanneer twee chimpansees ruziemaken om wat eten is het ook duidelijk: concurrentie om voedsel. Als twee kinderen ruziemaken om een voorwerp waar ze mee spelen, is dat net als bij ruzie om voedsel een vorm van concurrentie om een voorwerp. Bij veel agressie is er sprake van een of andere vorm van concurrentie, waarbij twee dieren hetzelfde willen en daar ruzie over krijgen.

Er zijn ook andere situaties waarin ruzies kunnen ontstaan.[2] Een spelletje dat uit de hand loopt omdat een van de twee wat ruw met de ander omgaat. Zelfs dat zou je een vorm van concurrentie kunnen noemen, namelijk tussen het ene dier dat op een rustige manier wil spelen en een ander dat van een steviger spelletje houdt. Ook de agressieve reactie van een volwassene op het gooien met zand of een stokje door een kind zou je concurrentie kunnen noemen tussen een dier dat rustig wil zitten en een ander dat actief wil zijn. Agressie is ook te zien wanneer een moeder haar kind beschermt tegen al te veel opdringerigheid. Toen Wouter (7 jaar) de drie maanden oude Jing kidnapte, kreeg hij onmiddellijk de hele familie Jimmy achter zich aan, dus inclusief Jonas, Jakie en Krom. Dat zou je in plaats van bescherming ook een vorm van sociale concurrentie kunnen noemen tussen twee dieren die allebei contact willen hebben met een derde. Veel agressief gedrag ontstaat wanneer individuen onverenigbare belangen hebben. Door geweld of dreiging met geweld kun je anderen beïnvloeden, kun je eigen belang veiligstellen en je zin krijgen. Een chimpanseeman kan ermee bereiken dat een vruchtbare vrouw niet met een andere man paart, dat hij een lekker stuk eten bemachtigt of dat hij met rust gelaten wordt. De agressie is in die gevallen een reactie op gebeurtenissen die zich, vaak onverwacht, voordoen. Het aan het begin van het hoofdstuk beschreven conflict tussen Jakie en Wouter kon je van te voren niet zien aankomen, en de escalatie die erop volgde al helemaal niet.

Bij andere gelegenheden zie je de agressie al ver van te voren aankomen. Als Dandy en Yeroen bij elkaar in de buurt zitten, is het voorspelbaar wat er gebeurt. Nikkie's haren gaan overeind, en hij bluft. Het zit er dik in dat er kort daarop agressie te zien zal zijn. Wie het slachtoffer van Nikkie's agressie zal worden, is niet te voorspellen. Je zou Dandy of Yeroen verwachten, maar juist die zijn het niet. Meestal is het een ander en de vrouwen en kinderen die klappen of trappen van Nikkie krijgen, hebben niets met de aanleiding van zijn woede te maken. Ze zijn het slachtoffer van agressie die op een makkelijker doelwit dan de eigenlijke tegenstander gericht is. Een slachtoffer dat toevallig voorhanden is, een slachtoffer dat niet terugslaat maar op de loop gaat. Voor een argeloze toeschouwer lijkt Nikkie's agressie een vorm van zinloos geweld. Pas als Nikkie zijn uitdagingen rechtstreeks aan het adres van Yeroen en Dandy richt, wordt de zin van zijn gedrag zichtbaar. Hij is eropuit om die twee uit elkaar te halen. Dat is geen gewone sociale concurrentie, want Nikkie is er op dat moment niet in geïnteresseerd om zelf contact te hebben met Dandy of Yeroen.

Alleen als je de individuen en de machtsverhoudingen kent, zie je de aanleiding voor Nikkie's onrust en voor zijn agressie. Ook zonder dat Dandy of Yeroen bij elkaar zitten en zonder dat er een andere mogelijke aanleiding is, zijn er talloze momenten waarop Nikkie 'zomaar' gaat bluffen. En ook dan worden onschuldige groepsleden het slachtoffer van zijn agressie. Door het voorafgaande opladen zie je het aankomen, maar er is meestal geen zichtbare aanleiding. De agressie komt spontaan tot uitbarsting, zonder aanwijsbare oorzaak van buitenaf. Hij komt voort uit de neiging van chimpanseemannen om dominant te zijn en is afhankelijk van de verhoudingen tussen de mannen en hun onderlinge rivaliteit. Het doel is om de ander tot onderdanigheid te dwingen. Macht en status spelen een belangrijke rol in het leven van mannelijke chimpansees. Ze vertonen vanaf de puberteit imponeergedrag en agressief gedrag dat erop gericht is andere groepsleden te onderwerpen. Ze besteden veel energie om een hoge plaats in de rangorde te veroveren en onderdanigheid bij anderen af te dwingen. Chimpanseevrouwen vertonen niet die spontane, op dominantie gerichte agressie. Vrouwelijke agressie heeft meestal een duidelijk aanwijsbare aanleiding en is een directe reactie op een vorm van concurrentie, 'hinder' of het feit dat hun kind wordt lastig gevallen. Tussen de vrouwen bestaat wel een rangorde, maar die is gebaseerd op invloed en respect en wordt niet afgedwongen.

Je kunt niet zomaar zeggen dat mannen agressiever zijn dan vrouwen. Er zijn namelijk verschillende vormen van agressie, met elk een eigen oorzaak en een eigen functie, die je niet zomaar met elkaar kunt vergelijken. Dominantie-agressie is heel wat anders dan agressie als gevolg van concurrentie, of als zelfverdediging. Gevechten tussen vrouwen onderling zijn zeldzamer dan gevechten tussen mannen, maar hebben een groter risico om te escaleren. Chimpanseevrouwen missen de grote hoektanden, maar als ze bijten scheuren ze de huid van hun slachtoffer soms open. Meer dan eens is gebleken dat als er geen volwassen mannen in de buurt zijn om een gevecht tussen vrouwen te onderbreken, de vrouwen elkaar lelijke wonden bezorgen.[3]

Escalatie

Om onbedoelde geweldsuitoefening uit te sluiten wordt in definities van agressie vaak toegevoegd dat de pleger van agressie de bedoeling moet hebben om een ander pijn of schade toe te brengen. Bedoelingen kun je niet zien, en dat maakt ze tot een moeilijk hanteerbaar criterium. Daar komt nog bij dat een 'agressor', een ontvanger van 'agressie' en een waarnemer ieder een eigen idee kunnen hebben over de bedoelingen van een agressor. Vaak is wel te zien of pijn of schade een neveneffect is of dat een bepaald gedrag specifiek gericht is op het veroorzaken van pijn of schade. Ruzies tussen soortgenoten moeten overigens niet verward worden met prooivanggedrag, dat gericht is op het verkrijgen van voedsel. Chimpansees in Afrika die jacht maken op een jonge baviaan zijn niet agressief, net zo min als een leeuw die jacht maakt op zijn prooi. In beide gevallen gebruiken de jagers wel geweld tegen hun prooidieren, maar de oorzaken en functies van prooivanggedrag zijn heel anders dan bij onderlinge ruzies. Tegen hun prooidieren gebruiken ze ook niet de agressieve signalen die ze wel tegen soortgenoten gebruiken.

De meeste agressie tussen chimpansees is te zien in reactie op eerdere agressie. Dan doel ik niet op zelfverdediging, maar op de neiging van 'derden' zich met een ruzie te bemoeien, zodat de situatie escaleert. De klap die Wouter aan Jakie gaf, leidde tot een hele serie ruzies. Niet iedere kinderruzie escaleert zo heftig, maar de aantrekkende kracht van ruzies is groot. Chimpansees zijn partijdig en maken duidelijke keuzes: familieleden helpen elkaar tegen niet-familieleden. Individuen die bevriend zijn, helpen elkaar tegen anderen met wie ze minder goed bevriend zijn. Volwassen mannen, vooral Nikkie en Yeroen, grijpen soms op een 'onpartijdige' manier in, door alle twee de ruziemakers aan te pakken en te bestraffen. Op die manier voorkomen ze dat de ruzie escaleert. Soms grijpt het bondgenootschap van Nikkie en Yeroen gezamenlijk onpartijdig in, bijvoorbeeld doordat Nikkie de ene ruziemaker afstraft en Yeroen de andere.[4]

Er is een belangrijke uitzondering op de regel dat chimpansees vooral diegenen helpen met wie ze verwant zijn of met wie ze het beste op kunnen schieten. Tijdens een machtsstrijd kiezen de volwassen mannen niet op basis van vriendschap, maar van macht. Ze helpen dan diegenen die hen kunnen helpen hun machtspositie te behouden of te verbeteren. Dat doen ze zelfs ten koste van anderen waar ze normaal gesproken het beste mee op kunnen schieten.[5]

Chimpansees spelen in op de neiging van andere groepsleden om zich met een ruzie te bemoeien. Ze zoeken tijdens een ruzie vaak contact met een of meer andere groepsleden.[6]

Meestal zie je hoe een dier dat in een ruzie verwikkeld is, een hand uitsteekt naar een ander, soms onder het maken van klagende geluiden. Dat is de vraag om hulp, zoals we die al tegengekomen zijn bij het 'hand uitsteken'. Soms gaat de vraag verder en omarmt de hulpvrager een ander onder het slaken van agressieve kreten tegen de agressor. Het contact is dan meer een aansporing om gezamenlijk op te treden. Een variant is moed scheppen, als een chimpansee tijdens ruzie contact met een ander maakt, niet in de vragende vorm door van een afstandje de hand uit te steken, maar door daadwerkelijk contact te maken. Meestal gebeurt dat in de vorm van een 'beklimming', waarbij een chimpansee een ander van achteren benadert en bekkenstoten maakt. Het dier dat de beklimming uitvoerde, gaat dan met vernieuwde energie weer achter zijn tegenstander aan. Vaak ook zoekt een chimpansee die net geslagen of gebeten is, contact met een ander zonder om hulp te vragen en zonder agressieve kreten te slaken. Een vorm van troost zoeken. Kinderen zoeken regelmatig toevlucht en troost bij hun moeder, maar ook volwassenen zoeken hun heil bij andere soortgenoten als ze net ruzie gehad hebben.

Yeroen beklimt Nikkie (moed scheppen).

Tepel (rechts) zoekt met ontblote tanden troost bij Spin.

Soms richt een dier dat in een ruzie verwikkeld is, zich tot een ander die juist op goede voet staat met zijn tegenstander. Dat is dan geen blunder, maar een poging om die ander gerust te stellen. Door de ander te kussen en te omarmen kun je voorkomen dat hij zich met de ruzie gaat bemoeien.

Patrouilleren

Opmerkelijk is het gedrag dat chimpansees in het wild vertonen. Mannelijke chimpansees patrouilleren regelmatig langs de grenzen van het gebied waar ze leven. Voorzichtig en zonder geluid te maken bewegen ze zich voort. Tijdens zo'n patrouille maken ze geen ruzie met elkaar. De mannen pauzeren vaak, kijken rond en luisteren. Ze lijken actief op zoek te zijn naar chimpansees uit een naburige gemeenschap. Soms klimmen ze in een boom en kijken een tijdlang strak de kant van een naburige groep op. Ze lijken gespannen en schrikken op bij ieder geluid. Als ze inderdaad chimpansees van een naburige gemeenschap horen of zien, hangt het vervolg af van de grootte en samenstelling van de 'vreemde' chimpanseegroep. Als de mannen het loeiende geluid horen van een duidelijk groter aantal vreemdelingen, trekken ze zich haastig en stilletjes terug. Als het aantal mannen in beide groepen ongeveer even groot lijkt te zijn, houden beide partijen een luidruchtig vertoon met veel drummen op boomstammen, in de rondte gooien van stokken en stenen, en opgewonden en agressief geschreeuw. Na verloop van tijd trekken de chimpansees van allebei de groepen zich terug in hun eigen gebieden. Als de patrouille stuit op een man van een naburige gemeenschap die alleen is, vallen ze hem met ongekende heftigheid en wreedheid aan. In onderlinge samenwerking zetten ze de achtervolging in en als ze de man te pakken krijgen, slaan ze hem in elkaar en bijten hem. Een van de patrouillerende mannen houdt de vreemdeling vast, terwijl de anderen hem voortdurend aanvallen. Na een minuut of twintig laten ze hun slachtoffer zwaargewond achter en trekken ze zich met veel kabaal terug. Van meer dan één man is vastgesteld dat hij later aan zijn verwondingen is overleden, van andere mannen die verdwenen zijn, bestaat het vermoeden dat ze op deze manier aan hun eind zijn gekomen.[7]

Als de patrouille een volwassen vrouw met klein kind tegenkomt, reageren de mannen ook uiterst agressief. De volwassen vrouw wordt letterlijk opgejaagd en zwaar verwond. Meer dan eens is gezien hoe chimpanseemannen bij zo'n aanval op een volwassen chimpanseevrouw van een naburige gemeenschap haar jong afpakten, het doodsloegen en deels opaten. De waarnemers beschrijven dat het gedrag van de chimpanseemannen bij dergelijke aanvallen leek op de manier waarop ze op een prooi jagen. Ze behandelden de chimpansees van de naburige gemeenschap alsof het om een andere soort ging. De grens tussen agressie en prooivanggedrag was hier wel heel erg vaag geworden.

De gezamenlijke patrouilles van chimpanseemannen naar de grenzen van het gemeenschapsgebied lijken in de eerste plaats bedoeld om eten te kunnen verzamelen in een potentieel gevaarlijk gebied: een gebied waar ze chimpansees van andere groepen tegen kunnen komen, concurrenten voor hetzelfde voedsel. Door systematische aanvallen op chimpansees van een naburige gemeenschap kan deze gemeenschap uiteindelijk uitgeroeid worden. Daarmee zijn dan concurrenten voor voedsel en vrouwen verdwenen en is er voor de aanvallers een groter gebied beschikbaar. De patrouilles bieden ook de mogelijkheid nieuwe vrouwen te rekruteren. Want als de patrouilles een jonge vrouw zonder kind tegenkomen, gedragen ze zich heel anders. Zo'n vrouw verwelkomen ze, en ze nemen haar mee het eigen gebied in. Alleen als de vrouw wil vluchten, wordt ze agressief bejegend. De agressie is er in dat geval niet op gericht haar te verwonden of te verjagen, maar uitsluitend om haar te bewegen bij de mannen te blijven.[8]

Nadelen van agressie

Hoe gruwelijk soms ook: door agressief gedrag te vertonen kunnen individuen iets bereiken. Concurrenten kunnen uitgebuit, afgetroefd of zelfs geëlimineerd worden. Je kunt je afvragen waarom dieren zo zelden agressief zijn. Waarom houden ze zich zo vaak in en gaan ze niet verder dan dreigen of imponeren? Een voor de hand liggende verklaring zou zijn dat agressie ook nadelen heeft voor het dier dat agressief is.[9]

Agressief gedrag kost niet alleen tijd en energie, maar tegenstanders kunnen terugvechten. Dat levert risico's op voor een agressor, die zelf ook gewond of zelfs gedood zou kunnen worden. Het is dan ook niet raar dat dieren vaak terughoudend zijn en de risico's van agressie beperken, bijvoorbeeld door te dreigen in plaats van daadwerkelijk geweld te gebruiken. Met behulp van de zogeheten 'speltheorie' waren Maynard Smith en zijn medewerkers in staat om winst- en verliesrekeningen van gevechten te analyseren[10] Door aan te nemen dat verschillende individuen ieder hun eigen succes nastreven en dat de beste strategie die een individu kan volgen, afhangt van wat anderen doen, lieten zij zien dat een strategie waarbij individuen elkaar altijd op leven en dood bevechten niet stabiel is. Ook een strategie waarbij individuen ieder gevecht vermijden, is niet stabiel. Een strategie met dreigen en beperkte agressie is in de meeste situaties wel stabiel. In de praktijk blijkt dat dreigen en imponeren wijdverspreid zijn in het dierenrijk. Ook regels om de gevolgen van agressie te beperken komen veel voor. Chimpansees zijn bluffers bij uitstek en vechten normaal gesproken niet tot de dood erop volgt. De sterkere mannen gebruiken hun kracht en hun wapens zelden voluit en zwakkere dieren hebben onderdanigheidssignalen om aan te geven dat ze niet uit zijn op een gevecht.

Dieren zoals chimpansees die in sociaal verband leven, hebben nog met andere nadelen van agressie te maken. Niet alleen de tegenstander vormt een risico, maar ook de andere groepsleden. Die kunnen een tegenstander helpen en dat vergroot de risico's aanzienlijk. Zelfs Nikkie loopt het risico dat hij een heel stel vrouwen en pubers achter zich aan krijgt als hij het te bont maakt. Onvoorwaardelijke agressie zou het samenleven en samenwerken binnen een groep onmogelijk maken. Ook al ben je elkaars concurrenten, er zijn momenten dat je elkaar nodig hebt, bijvoorbeeld bij de verdediging tegen roofdieren (de nepleeuw!) en tegen soortgenoten uit een andere gemeenschap. Of als ondersteuning voor het bereiken van een plaats in de rangorde. Een leider die zich impopulair maakt, hoeft op weinig steun te rekenen.

Verzoeningen

Er zijn dus goede redenen waarom dieren, ondanks belangentegenstellingen, meestal niet agressief zijn. Vooral binnen groepen en tussen verwanten leidt niet iedere potentiële conflictsituatie tot geweld. Als er toch conflicten ontstaan, worden die na afloop vaak weer bijgelegd. Frans de Waal heeft de aandacht gevestigd op verzoenende contacten na conflicten.[11] Onderzoek naar verzoeningsgedrag bij dieren heeft sindsdien een grote vlucht genomen. Het onmiddellijke gevolg van een ruzie is vaak dat de afstand tussen de betrokken chimpansees vergroot is, bijvoorbeeld omdat een van de twee gevlucht is. Dat blijft niet zo. Na verloop van tijd zoeken chimpansees die ruzie hebben gehad elkaar weer op. Soms duurt het een paar minuten, soms een half uur of nog langer, maar vaak hebben ze dan vriendschappelijk contact.[12] Na een

ruzie hebben de twee voormalige ruziemakers gemiddeld genomen vaker contact met elkaar dan in een even grote tijdsperiode waar geen ruzie aan voorafging. De contacten na een ruzie zien er anders uit dan
normale contacten: bij verzoeningen kussen en omarmen ze elkaar
vooral. Als er zo'n contact na een conflict is geweest, is de kans dat het
conflict opnieuw oplaait kleiner dan wanneer het niet tot een verzoening is gekomen. Verzoeningen zijn soms zeer intens. Vooral tijdens
een machtsstrijd komt het voor dat de mannen 's avonds pas hun nachthok in willen als ze zich met elkaar verzoend hebben, desnoods door de
tralies heen. Hijgend, kussend, elkaar omarmend, kakelende geluiden
makend kan dat verzoenen soms wel drie kwartier duren. De meest
spectaculaire verzoeningen zijn die tussen mannen onderling. Chimpanseevrouwen zijn duidelijk minder sterk geneigd om zich met elkaar
te verzoenen dan mannen. De verzoeningen zijn alleen te zien na conflicten binnen de eigen groep. Na de gevechten waarbij leden van een
andere gemeenschap worden aangevallen, is nooit een verzoening
waargenomen.

Het effect van verzoeningen is soms spectaculair. Zo is het veelvuldig
voorgekomen dat tijdens bluf van Dandy en het daaropvolgende conflict van Dandy met Mama, Nikkie na lange aarzeling Mama steunde en
krijsend achter Dandy aanging. Als Dandy zich dan verzoende met
Mama, draaide Mama zich om en steunde ze Dandy tegen Nikkie! Dandy wist vaak effectief verzoeningen tussen Nikkie en Yeroen te verhinderen door zich tussen hen op te stellen. Nikkie deed soms ook zijn
best verzoeningen tussen Dandy en Mama te verhinderen. De moeite
die ze deden om een verzoening te verhinderen, geeft aan hoe belangrijk verzoeningen zijn voor de onderlinge verhoudingen.

Als Nikkie en Yeroen onenigheid met elkaar hadden gehad, demon-
streerden ze vaak direct na de verzoening hun herstelde eenheid door
gezamenlijk achter wat kinderen aan te jagen. Meestal kozen ze een van
de jonge mannen die toevallig in de buurt was. Soms leek het meer op
een gerichte bestraffing. Bijvoorbeeld de keer nadat Fons (6 jaar) tijdens een ruzie tussen Nikkie en Yeroen voortdurend aan de benen van
Nikkie was gaan hangen en tijdens de verzoening uitdagend tegen Nikkie blufte. Nadat Nikkie en Yeroen zich verzoend hadden, joegen ze
achter Fons aan, die krijsend maakte dat hij wegkwam. Er was een tijd
dat Nikkie en Yeroen de gewoonte hadden om na een verzoening Dandy als doelwit van hun gezamenlijke agressie te kiezen. Die gewoonte

hield op vanaf het moment dat Dandy een factor van belang begon te worden. In plaats van weg te vluchten, ging hij soms achter Nikkie aan. Als hij dan ook nog steun kreeg van Mama, had Nikkie een probleem.

Als de tegenstand al te groot of te fel wordt, verzoent Nikkie zich altijd snel met een tegenstander. Toen hij na een aanval op Dandy ook Mama, Spin en Yeroen achter zich aan kreeg, verzoende hij zich zo snel moge-lijk met Yeroen. Pas nadat Yeroen en Nikkie eensgezind een onschuldi-ge vrouw geslagen hadden, durfde Nikkie het weer aan om Dandy aan te vallen. Twee keer viel hij hem, niet overtuigend overigens, aan. Ye-roen maakte een klaaglijk geluid, maar bemoeide zich er niet meer mee.

Bij een andere gelegenheid waren Nikkie en Dandy gelijktijdig aan het bluffen. Dandy viel Mama aan. Toen Mama steun zocht bij Nikkie, vond ze geen gehoor. Nikkie hielp Dandy en sloeg Mama. Het gevolg was een fel gevecht tussen Nikkie en Mama waarbij Mama steun kreeg van Yeroen. Dat werd Nikkie te veel en hij verzoende zich met Mama. Na die verzoening zocht Mama Dandy op en begon tegen hem te krijsen. Nikkie maakte eerst contact met Yeroen en ging toen met Mama mee achter Dandy aan. Dandy ging krijsend opzij, en keek in de richting van Yeroen. Die was meegelopen aan de zijde van Nikkie, maar bemoeide zich er verder niet mee. De omslag van Nikkie na de weerbare reactie van Mama was opvallend.

Verzoeningen vinden soms plaats onder druk van de omstandigheden. Nikkie en Yeroen verzoenden zich soms opvallend snel met elkaar als ze in de gaten hadden dat Dandy van hun onenigheid profiteerde door een vruchtbare vrouw te benaderen. Op het moment dat Nikkie en Ye-roen zich met elkaar verzoenden, sprong Dandy een meter achteruit, bij de vrouw vandaan. Bij een ruzie met Fons (7 jaar toen) verzoende Nikkie zich snel met hem toen Dandy Yeroen benaderde en omarmde. Het leek er sterk op alsof Nikkie niet het risico wilde lopen van een ge-zamenlijk ingrijpen van Dandy en Yeroen.

Het feit dat een verzoening plaatsvindt, is vaak niet alleen van belang voor de direct betrokkenen, maar ook voor andere groepsleden. Zeker als de volwassen mannen doorgaan met ruziemaken, gaat dat ten koste van de rust van de andere groepsleden, die het risico lopen het slacht-offer te worden van op hen gerichte agressie. Op een keer weigerde

Yeroen zich te verzoenen met Nikkie. Hij ontweek zijn toenaderingspogingen. Ondertussen ging Dandy maar door met bluffen tegen vrouwen. Puist en Gorilla gingen vervolgens achter Yeroen aan, alsof ze hem kwalijk namen dat hij het conflict met Nikkie niet wilde beëindigen. Dat was des te opmerkelijker omdat ze anders altijd Yeroen hielpen als ze zich met conflicten tussen Nikkie en Yeroen bemoeiden. Door hun bemoeienissen oefenen de vrouwen een belangrijke invloed uit op het groepsleven. Met name Mama, de oudste vrouw in Arnhem, geniet groot respect bij de andere groepsleden. Niet zelden wordt op haar een beroep gedaan om te bemiddelen of ruzies te sussen, of om er toezicht op te houden dat het wel 'rechtvaardig' toegaat. Bij verzoeningen tussen de mannen zit ze vaak in de buurt en meer dan eens bracht zij twee mannen die kort daarvoor ruzie hadden letterlijk bij elkaar.

Mama is de hele zomer iedere maand vruchtbaar geweest. Tot paringen is het nog steeds niet gekomen. Het is inmiddels een vertrouwd gezicht om Nikkie en Dandy op enkele meters afstand van Mama en haar zwelling te zien vlooien. De uitbarsting komt onverwacht, op een moment dat Mama in het onvruchtbare deel van haar cyclus is. Het is een mooie herfstdag, niet koud, en de chimpansees kunnen nog steeds naar buiten. Het is rustig op het eiland, de apen vlooien en spelen. Ook in de observatie-ruimte is het rustig. De studenten hebben hun observaties afgesloten en zijn weer ver-trokken. Plotseling hoor ik het hoge krijsen van Yeroen. Het klinkt niet jammerend, zoals zo vaak de afgelopen zomer, maar agressief. Buiten rent Yeroen op volle snel-heid achter Nikkie aan en bijt hem in een voet. Hoewel Nikkie verrast lijkt door Ye-roens felheid, draait hij zich razendsnel om en bijt hij direct terug. Hij wordt in het nauw gebracht als Dandy en enkele vrouwen, aangevoerd door Mama, hem ook aan-vallen. Een paar seconden lang is er niets anders dan een onoverzichtelijk kluwen vechtende apen te zien, waar Nikkie met enige moeite uit weet te ontsnappen. Minu-tenlang houdt het gekrijs van de drie mannen aan. Yeroen en Dandy omhelzen el-kaar steeds weer en Nikkie lijkt niet goed te weten wat hij moet doen. Een aantal vrouwen kiest toch partij voor hem: ze krijsen en blaffen agressief naar zijn tegen-standers. Er is veel lawaai, maar gevochten wordt er niet meer. Nikkie en Yeroen hebben wonden aan handen en voeten. Dandy is ongeschonden uit de strijd gekomen. Pas na een minuut of tien keert de rust ogenschijnlijk weer. Het uur dat nog rest voordat de apen hun nachthokken in zullen gaan, wordt gekenmerkt door nerveus ge-manoeuvreer. Enerzijds zijn er toenaderingspogingen, anderzijds ontlopen de man-nen elkaar. Een paar keer loopt Dandy in de richting van Nikkie, maar die deinst dan krijsend achteruit. Nikkie geeft Yeroen vluchtig een kus en imponeert kort tegen Dandy. Die reageert niet, maar houdt even later zelf een blufvertoning. Dandy richt zich zeurend en met uitgestoken hand tot Nikkie, Nikkie omarmt Yeroen en vlooit hem. Yeroen loopt weg. Dandy vlooit Yeroen, waarop Nikkie begint te bluffen en Ye-roen zich verwijdert. Tussendoor likken andere groepsleden aan de wonden van Nik-kie en Yeroen.

Als de chimpansees aan het eind van de middag binnengelaten worden voor het eten en de nacht, gaat Yeroen niet meteen zijn hok in. Zodra Nikkie en Dandy in hun hok zitten, gaat hij vlak voor Nikkie's hok zitten, tegen de tralies aan. Door de tralies heen kust hij hem vijf minuten lang, onderwijl kakelend, krijsend en stoten makend met zijn bekken. Dandy springt opgewonden in zijn hok op en neer: hij kan de uitgebreide verzoening niet verhinderen. Ondanks de verzoening zijn er in de da-gen na de uitbarsting nog een paar keer knokpartijen tussen de mannen, waarbij ze opnieuw alledrie gewond raken. Dandy heeft wonden in handen en voeten, hij heeft een schram op zijn scrotum en is een klein stukje van zijn bovenlip kwijt. Yeroen loopt mank door een wond aan zijn voet. Nikkie's wonden zijn weer opengegaan. De felheid van de gevechten is opmerkelijk, net zoals de steun van Dandy aan Yeroen en de hulp die Nikkie kreeg van een aantal vrouwen. Toch ziet het ernaaruit dat Nikkie voorlopig als de verliezer beschouwd moet worden.

e apen zitten verspreid over het buitenterrein. Links zit een kind bij zijn moeder aan de buik. Het heeft zijn mond aan haar tepel en drinkt. Rechts zit een groepje vrouwen te vlooien terwijl hun kinderen aan het spelen zijn. Nikkie krabt zich en begint te bluffen. Yeroen ontwijkt hem krijsend. Klagend loopt Yeroen in de richting van Dandy. Hij raakt hem even aan en doet dan plotseling krijsend een uitval in de richting van Nikkie. Die gaat rustig een eindje opzij. Yeroen steekt dan zijn hand naar Nikkie uit, nog steeds krijsend. Nikkie reageert daar niet op, maar drie minuten later loopt hij kalm op Yeroen af in een poging tot verzoening. Maar Yeroen valt opnieuw krijsend naar Nikkie uit en zoekt weer steun bij Dandy. Die steun krijgt hij niet. Niet van Dandy en niet van andere groepsleden. Nikkie reageert door loeiend te bluffen. Twee minuten later omarmen Nikkie en Yeroen elkaar dan toch en is de verzoening totstandgekomen. Ze gaan weer uit elkaar. Een half uur later komt Nikkie naar Yeroen toegelopen, gaat bij hem zitten en begint te vlooien. Met zijn vingers gaat hij door Yeroens vacht. Na een tijdje vlooit Yeroen terug. Ruim vijftig minuten lang verzorgen ze intensief elkaars vacht. Dan is het avond en tijd om naar binnen te gaan. De verzorgster trekt het luik open. Voordat Nikkie en Yeroen het eiland verruilen voor de nachthokken, maken ze kort contact met een aantal van de volwassen vrouwen. Die hebben hun kinderen bij zich genomen en nemen ook afscheid van elkaar.

5 VRIENDELIJKHEID EN VLOOIEN

Contact

Chimpansees zijn echte contactdieren. De hele dag zitten ze aan elkaar. Korte omhelzingen, kussen of zachte aanrakingen worden afgewisseld met langdurige vlooipartijen. Voor verzoeningen zoeken ruziemakers elkaar na een conflict weer op. Tijdens of vlak na een conflict zoeken chimpansees contact met derden voor troost, geruststelling of steun. Bij angst, opwinding of frustratie werkt contact met een ander, zelfs een klein kind, kalmerend. Als chimpansees een gemeenschappelijke vijand zien, vliegen ze in elkaars armen. Veelvuldig en intensief contact is er ook als individuen elkaar na een periode van afwezigheid weer tegenkomen. Het is in Arnhem iedere ochtend te zien. Als de chimpansees het buitenterrein opgaan, begroeten ze elkaar. Het omgekeerde gebeurt ook: voor het naar binnen gaan 's avonds wordt er afscheid genomen. Opvallend bij veel van de intense en soms langdurige contacten is de afwezigheid van een seksuele bijbetekenis. Zo kunnen chimpanseemannen die zich verzoenen, elkaar minutenlang op de mond kussen. Ze omarmen elkaar en hijgen hoorbaar, maar van seksuele bevrediging is geen sprake. Wat de chimpansees voelen, kun je ze niet vragen en kun je van de buitenkant niet zien. Er is alle reden om aan te nemen dat chimpansees en andere dieren wel degelijk gevoel hebben bij wat ze doen. Ze hebben geen weet van de biologische zin of onzin van hun gedrag, maar gaan af op hun gevoelens. Gedragsonderzoek kan duidelijk maken welke oorzaken ten grondslag liggen aan het gedrag en welke effecten de dieren nastreven of daadwerkelijk bereiken. Misschien is dat wel interessanter dan te achterhalen wat ze 'voelen', zo dat al zou kunnen.[1]

Niet elk vriendelijk contact is hetzelfde. Er kunnen verschillende oorzaken zijn en het kan vertoond worden om diverse effecten te bereiken. Door op vriendelijk gedrag te letten leer je veel over een samenleving. Vriendelijke contacten en vlooien hebben alles te maken met relaties. De nadruk leggen op agressief gedrag geeft een eenzijdig beeld. Er zijn ook andere relaties dan dominantierelaties. Vriendschapsbanden spelen een minstens zo grote rol binnen een groep.[2]

Relaties

De meeste relaties tussen chimpansees in een groep zijn vriendelijk: je ziet vooral sociaal positief gedrag. Dat geldt voor moeders die hun kinderen verzorgen en voor de vriendschappelijke verhouding tussen moeders en hun volwassen dochters. Ook volwassen mannen van duidelijk verschillende rang kunnen een vriendschappelijke relatie hebben. Sommige volwassen mannen worden op de voet gevolgd door jonge mannen. De relatie is vriendelijk, maar wel eenzijdig. De jonge man imiteert en vlooit zijn idool. De volwassen man tolereert zijn jongere gezelschap. Tussen volwassen mannen en volwassen vrouwen bestaan seksuele relaties, maar alleen in de periode dat de vrouwen vruchtbaar zijn. Jonge mannen zijn al vroeg geïnteresseerd in seksuele zwellingen.

Bij de onvriendelijke relaties overheersen agressie en het ontwijken van elkaar. Vooral tussen volwassen mannen zijn de relaties competitief en gespannen. Ook de relaties tussen adolescente mannen en volwassen vrouwen zijn sterk competitief. Volwassen vrouwen binnen een groep hebben weinig interacties met elkaar. Hun relatie laat zich het best als neutraal omschrijven.

Het patroon van relaties in een chimpanseegroep is gebaseerd op overeenkomsten en verschillen in leeftijd en geslacht, op verwantschap en op sociale status. Verwantschap speelt bij chimpansees alleen een duidelijke rol in de relatie tussen een moeder en haar kinderen en tussen kinderen van eenzelfde moeder. De belangrijkste relatie voor een baby is die met zijn moeder, en eventueel die met een oudere broer of zus. De vaardigheden om vriendelijk gedrag op de 'juiste' wijze en de goede momenten te vertonen, ontwikkelen zich geleidelijk. Een chimpansee die niet weet hoe hij moet verzoenen of om steun moet vragen, zal het moeilijk hebben. Net zoals een chimpanseevrouw die geen ervaring heeft met kinderen, problemen zal hebben om haar kinderen groot te brengen. Een jonge man speelt met leeftijdgenoten en is gefascineerd door volwassen mannen. Als puber komt hij in conflict met zijn leeftijdgenoten en is hij angstig en onderdanig ten opzichte van volwassen mannen. Volwassen geworden, trekt hij vooral op met andere volwassen mannen. Hij vlooit ze, zij vlooien hem. Afhankelijk van dominantieverschillen is hij onderdanig tegen sommigen en zijn anderen onderdanig tegen hem. Met de andere mannen bestaan er spanningen, veroorzaakt door concurrentie om een hoge status en om vruchtbare vrouwen. Met sommige mannen heeft hij een samenwerkingsband. Ten opzichte van kinderen is de volwassen man over het algemeen vriendelijk en tolerant. Het relatienetwerk van een vrouw ziet er heel anders uit. Volwassen vrouwen hebben veel minder vaak langdurige relaties met niet verwante volwassenen. Meisjes in de puberteit gaan niet op zoek naar conflicten met leeftijdgenoten en volwassen vrouwen.

De relaties tussen twee dieren worden vaak beïnvloed door andere groepsleden. Een kind dat zich gesteund weet door een dominante moeder heeft andere relaties dan de dochter van de vrouw die het laagst in rang is. Een bondgenootschap tussen twee mannen, zoals dat tussen Nikkie en Yeroen, heeft gevolgen voor de relatie tussen bijvoorbeeld Yeroen en Dandy. Een belangrijke aanwijzing voor de relatie van een dier met andere groepsleden is de mate waarin hij of zij bij anderen in de buurt te vinden is.

Nikkie zit vaak in een groep. Meestal zit hij samen met Yeroen. Dandy zit vaak alleen. Zit hij samen met anderen in een groep dan is dat meer met vrouwen dan met mannen. Bij chimpansees is er een duidelijk onderscheid tussen mannen- en vrouwengroepen. Als je dieren die binnen twee meter van elkaar zitten tot eenzelfde groep rekent, zitten Nikkie en Yeroen ruim een kwart van de tijd in een groepje met alleen maar mannen. Ze zitten minder dan 10 procent van de tijd in een groep

Nikkie kust Jakie.

waarin ook vrouwen zijn. De rest van de tijd zitten ze alleen, of zijn ze in beweging. Volwassen chimpanseemannen en volwassen chimpansee-vrouwen leven voor een deel in gescheiden werelden. De mannen geven de voorkeur aan elkaars gezelschap, behalve wanneer er vruchtbare vrouwen zijn. Vrouwen zijn minder 'sociaal': ze brengen het grootste deel van de tijd met hun eigen nakomelingen door. Alleen wanneer ze vruchtbaar zijn, zijn ze vaak in een groep te vinden. Sommige vrouwen nemen een centrale positie in en hebben in vergelijking met andere vrouwen veel contacten met andere chimpansees. In Afrika hangt de samenstelling van de steeds wisselende groepjes af van de beschikbaarheid van voedsel, van het aantal mannen en het aantal vruchtbare vrouwen. Als er veel voedsel op één plek is en als er tegelijkertijd een aantal vrouwen vruchtbaar zijn, ontstaan er soms grote verzamelingen chimpansees. Ook als er een machtsstrijd aan de gang is of er dreiging is vanuit naburige chimpanseegemeenschappen zoeken sommige groepsleden elkaars gezelschap.

Het meest opvallende aan chimpanseerelaties is dat ze vrijblijvend zijn. De dieren kiezen zelf met wie ze samen optrekken en dat wisselt van dag tot dag. Sommige individuen hebben weinig te kiezen: volwassen mannen kunnen hun gemeenschap niet verruilen voor een andere. Kinderen die afhankelijk zijn van hun moeder, zitten vast aan de keuzen die hun moeder maakt. En als de moeder toevallig weinig optrekt met anderen, zal het kind weinig kans krijgen om met anderen te spelen. Pas vanaf een jaar of acht trekken jongens er zelfstandig op uit, meisjes vanaf een jaar of tien als ze in de puberteit komen.

In Arnhem zijn die mogelijkheden er niet. Binnen de Arnhemse groep zitten de chimpansees altijd ten minste binnen gehoorsafstand van elkaar. Ze slagen er vaak goed in ruzies te voorkomen. Ze houden rekening met elkaar. Vooral ten opzichte van kleine kinderen is er een grote mate van tolerantie. Ook Nikkie houdt, ondanks dat hij de baas is, in allerlei opzichten rekening met de overige groepsleden. Als de verzorgster eens extra voedsel op het eiland gooit, zijn het niet de dominante mannen, maar de belangrijkste vrouwen in de groep, die het eerst aan hun trekken komen. De mannen zouden op grond van hun kracht er wel met geweld voor kunnen zorgen dat zij, en niet de minder sterke vrouwen, het eerst eten. Toch doen ze dat niet.[3]

De uitgesproken neiging van chimpansees om bondgenootschappen met elkaar aan te gaan kan ertoe leiden dat een intolerante man te maken krijgt met een hele groep tegenstanders. De rol van de onderling solidaire volwassen vrouwen kan van doorslaggevende betekenis zijn voor de positie van een man. In Arnhem is het niet ongebruikelijk dat een aantal vrouwen een volwassen man op de vlucht jaagt. Veel gedrag van de Arnhemse mannen is erop gericht om de steun van de vrouwen te verwerven of juist steun aan een rivaal te voorkomen. Chimpansees in Afrika hebben het in dat opzicht wat makkelijker: daar hebben de verspreid levende vrouwen minder invloed.

Onbaatzuchtigheid

Chimpansees vertonen net als andere dieren gedrag om een ander te helpen waarbij ze zelf risico's lopen. Ze zijn vaak tolerant en onderhouden vriendschappelijke relaties. Een moeder beschermt haar kind tegen de agressie van anderen, oudere kinderen helpen hun moeder vaak als die ruzie heeft met een andere man. Volwassen mannen nemen het vaak op voor kleine kinderen. Volwassen mannen zoals Nikkie en Yeroen werken met elkaar samen in een bondgenootschap. Volwassen vrouwen en kinderen treden gezamenlijk op om een leeuw te verjagen. Waar komt die onbaatzuchtigheid vandaan? Is het een rechtstreeks uitvloeisel van ouderlijk verzorgings- en beschermingsgedrag? Waartoe zouden dieren andere soortgenoten dan hun eigen kinderen helpen of beschermen? Dieren zijn toch elkaars concurrenten in de 'strijd om het bestaan'? Ja, maar tussen dieren in een groep bestaan ook familiebanden. Hoe nauwer dieren aan elkaar verwant zijn, des te meer genen ze gemeenschappelijk hebben. Dat weten ze zelf niet, maar het is biologisch gezien 'onverstandig' je eigen genen te benadelen — ook al zitten die verpakt in een ander individu. Dieren die met elkaar verwant zijn, zullen elkaar eerder helpen en minder agressief naar elkaar zijn. Hoe minder sterk de verwantschapsgraad is, des te minder bestaat de noodzaak om agressie te beperken. Chimpanseemannen die op patrouille gaan, vallen de chimpansees uit naburige gemeenschappen meedogenloos aan, tenminste als ze duidelijk in de meerderheid zijn. Ze werken dan goed samen, van onderlinge geschillen is tijdelijk niets te merken. De vreemdelingen zijn alleen maar concurrenten, en geen familie. Volwassen chimpanseemannen blijven altijd in hun gemeenschap en een aantal zal dezelfde vader hebben. De chimpansees hoeven zich daarvan niet bewust te zijn. Het is voor de verbreiding van hun genen voldoende dat ze zich zo gedragen dat ze hun naaste verwanten niet benadelen. Dat zijn die dieren waar ze van jongs af aan de nauwste banden mee hebben.

Gedrag dat nadelig is voor de uitvoerder kan indirect toch voordeel opleveren, wanneer een verwant er baat bij heeft. Alleen erfelijke eigenschappen die ertoe bijdragen dat een dier zich voortplant, handhaven zich. Dat kan een organisme bereiken door zijn eigen voortplantingssucces zo hoog mogelijk te maken, maar ook door bij te dragen aan het voortplantingssucces van een ander met dezelfde genen. Een eigenschap kan zich dus ook vermenigvuldigen wanneer hij leidt tot vergroting van de voortplantingskans van verwanten van het dier met de eigenschap.

Hoe zat het ook weer? Elk dier bestaat uit een grote hoeveelheid organische stoffen, vooral eiwitten, die volgens ingewikkelde patronen geordend zijn.[4] Het patroon van ordening bepaalt het uiterlijk en de eigenschappen van een organisme. De voorschriften voor de ontwikkeling liggen in de genen. Genen bestaan uit reuzenmoleculen DNA, die aaneengeregen zitten in chromosomen. De aanleg voor allerlei eigenschappen wordt niet bepaald door de aard van de genen, maar door de manier waarop ze in geordende combinaties in de chromosomen voorkomen.

Chromosomen komen in paren voor. Ieder individu krijgt één chromosoomset van zijn vader en één chromosoomset van zijn moeder. Ieder individu is dus voor de helft met zijn vader en voor de helft met zijn moeder verwant. Omdat ieder individu ook weer vijftig procent van zijn chromosomen aan zijn eigen nakomelingen doorgeeft, is ieder individu ook voor de helft met zijn nakomelingen verwant. Broers en zusters hebben gemiddeld de helft van hun erfelijk materiaal gemeenschappelijk, neven en nichten gemiddeld een kwart, net als grootouders en kleinkinderen. Onbaatzuchtigheid is dan ook vooral te zien tussen dieren die aan elkaar verwant zijn, en wel des te sterker naarmate de verwantschap groter is. Vanuit dat oogpunt is het gedrag van een volwassen chimpanseeman die 'zijn' groep niet verdedigt tegen het gevaar van een leeuw verklaarbaar. Een chimpanseeman redt op zo'n moment liever zijn eigen hachje dan zijn leven te wagen voor kinderen die misschien wel door een andere man verwekt zijn. Niet dat hij zich daarvan bewust is, maar chimpanseemannen die zich zo gedragen, hebben mogelijk een hoger voortplantingssucces dan mannen die meer risico's nemen voor individuen die misschien niet verwant zijn.

Toch komt ook onbaatzuchtigheid ten opzichte van niet-verwanten voor. In dat geval is er vaak sprake van een tegenprestatie. De onbaatzuchtige handeling is een investering, in ruil waarvoor na enige tijd een voordeel kan terugvloeien. Als de gemiddelde opbrengst maar groter is dan de kosten, zal de neiging tot onbaatzuchtig gedrag bevorderd worden. Bij ruzies tussen twee chimpansees komt het geregeld voor dat derden zich daarin mengen en partij kiezen. De partijdige keuze is een vorm van hulpverlening: de steunverlener spant zich in en neemt risico's. De gevallen waarbij de partijkeuze uitvalt ten gunste van individuen met wie de steunverlener de sterkste vriendschappelijke relaties bezit, zijn gemakkelijk te verklaren als een vorm van hulp aan verwanten. Vriendschappelijke relaties komen over het algemeen sterk overeen met verwantschapsrelaties. Tussen volwassen chimpanseemannen wisselt de partijkeuze nogal in samenhang met wisselingen in sociale status van de betrokkenen. De partijkeuze bij steunverlening lijkt meer gestuurd te worden door zorg om de eigen positie en handelingsvrijheid. De bondgenootschappen tussen chimpanseemannen hebben meer het karakter van uitwisselingen volgens het principe 'voor wat hoort wat'. Het zou kunnen zijn dat er bij sommige ruzies niet zo nodig iets met de tegenstander geregeld moet worden, maar dat de bereidheid van anderen om steun te verlenen getoetst wordt.

Ethologen kijken hoe dieren zich gedragen en proberen erachter te komen waarom ze dat doen. De vraag naar het waarom verwijst naar vragen over oorzaken en vragen naar functies van gedragingen. Daarbij zijn er twee verschillende, elkaar aanvullende, soorten vragen en antwoorden.

Zogeheten *proximate verklaringen* geven aan welke invloeden direct werkzaam zijn en wat de kortetermijneffecten zijn die de dieren lijken na te streven, de doelen die ze proberen te bereiken. Met andere woorden, er wordt gezocht naar een antwoord op de vraag onder welke omstandigheden een dier bepaalde gedragingen vertoont.

Zogeheten *ultimate verklaringen* zeggen iets over biologische oorzaken en functies op lange termijn. In ultimate zin bestaat er geen onbaatzuchtigheid. Richard Dawkins verwoordde dat scherp en provocerend in zijn boek *The Selfish Gene*.[5] Organismen zijn op te vatten als uitingsvormen van genen, overlevingsapparaten. Het zijn in feite instrumenten voor de genen om zich te vermenigvuldigen. Aan de conclusie van Dawkins valt logisch niet te ontkomen: het proces waarbij genen gekopieerd worden en terechtkomen in nieuwe organismen is 'zelfzuchtig', gericht op de eigen vermenigvuldiging. Op proximaat niveau bestaat onbaatzuchtigheid, gedrag dat een ander bevoordeelt, wel degelijk.[6] Het is het meest opvallend als het dier het verband met voor hemzelf onaangename gevolgen heeft leren kennen en die toch voor lief neemt. Maar ook ondersteuningsgedrag, dat tot stand is gekomen via de bevoordeling van verwanten, is in proximate zin onbaatzuchtig. Hetzelfde geldt voor wederzijds hulpbetoon, voorzover het dier het verband tussen de gunst en een eventuele tegenprestatie niet kan ervaren en er geen rekening mee kan houden.

Als een individu een ander kan helpen zonder dat hem dat veel kost, en die ander zou bij gelegenheid hetzelfde doen, dan worden ze er allebei beter van. Een voor de hand liggend voorbeeld is het vlooigedrag, de vachtverzorging waarbij lastige parasieten verwijderd worden van plaatsen die voor het dier zelf onbereikbaar zijn. Als alle individuen wel willen ontvangen, maar nooit iets terugdoen, kan dergelijk gedrag niet tot ontwikkeling komen. Profiteurs worden dan ook uitgesloten van ontvangst. Dat betekent dat de gever ontvangers moet inschatten op hun bereidheid om terug te geven. Dat kan in een sociaal verband zoals de chimpansees hebben, waar dezelfde dieren lang met elkaar omgaan, elkaar individueel kennen en de kans hebben elkaars betrouwbaarheid te leren ervaren.

Vlooien

Vlooien is een van de meest voorkomende gedragingen bij chimpansees. Ze gaan met vingers of lippen door de vacht van een ander, op zoek naar ongedierte, vuil of huidschilfers. Niet naar vlooien, want die hebben chimpansees niet. Vlooien lijkt in een aantal opzichten op het geven of uitwisselen van cadeautjes.[7] Vlooien is duidelijk plezierig voor de ontvanger, vlooien kan aangeboden of gevraagd worden, geaccepteerd of onthouden. Het kan teruggegeven worden – onmiddellijk of later. Vlooien gebeurt vrijwillig en kan niet afgedwongen worden. Maar soms is onduidelijk wat er nu precies uitgewisseld wordt als de ene chimpansee de andere vlooit.

Het is bij chimpansees niet ongewoon dat een dominant dier een lagere in rang vlooit. Een vlooisessie kan op verschillende manieren beginnen: meestal loopt het ene dier gewoon op het andere af en begint te vlooien. In andere gevallen biedt een dier zich aan om te vlooien door naast of voor een ander te gaan zitten of liggen en de rug of een ander lastig bereikbaar lichaamsdeel te presenteren. Door zichzelf nadrukkelijk te krabben maakt een dier soms duidelijk dat het graag gevlooid wil worden. Om de ongerechtigheden te verwijderen vlooien ze zichzelf. Maar er zijn plaatsen waar je zelf lastig bij kunt en dan is het handig als een ander dat voor je doet. Die ander is niet altijd bereid die investering te doen, en niet iedere uitnodiging om te vlooien wordt beantwoord. Degene van wie verwacht wordt dat hij of zij de ander gaat vlooien, kan het verzoek negeren of botweg opstaan en weglopen. Het dier dat gevlooid wil worden, kan aandringen door zich letterlijk op te dringen, klagende geluidjes te maken of zichzelf overdreven te krabben. Of hij kan op zoek gaan naar een ander, die misschien wel wil. Als dat niet lukt gaat hij zichzelf maar vlooien en probeert het later nog een keer. Als het tot een vlooisessie komt, kunnen na verloop van tijd de rollen omgedraaid worden en vlooit degene die eerst gevlooid werd de ander. Soms vlooien ze elkaar gelijktijdig. Het vlooien kan heel rustig en ontspannen gebeuren, zo ontspannen dat de ander er bijna bij in slaap valt. Bij andere gelegenheden gaat het er systematisch en soms zelfs stevig aan toe. De vlooier duwt en trekt zijn partner in de juiste positie, gaat met bruuske bewegingen met zijn vingers door de vacht en stopt smakkend gevonden voorwerpen in zijn mond. Soms, op lastige plaatsen, of als er een wondkorstje verwijderd wordt, vertrekt het gezicht van de gevlooide in een pijnlijke grimas. Toch wijst alles erop dat chimpansees het prettig vinden om gevlooid te worden.

Jimmy vlooit Tepel, Henny kijkt toe. Tepel vlooit zichzelf ook.

De functie van het vlooien is niet alleen maar gelegen in het verwijderen van ongedierte en vuiltjes, maar vooral in het sociale contact, het ontspannen samenzijn. Door een ander te vlooien, toon je de bereidheid in hem of haar te investeren. Het is dan ook niet verwonderlijk dat je vooral veel vlooien van een moeder bij haar kind en bij andere familierelaties ziet. Ook tussen mannen en vrouwen zijn veel vlooicontacten te zien. Zo heeft Nikkie veel vlooicontacten met vrouwen. Het initiatief voor die contacten gaat meestal van de vrouwen uit en de vrouwen vlooien hem meer dan andersom. De vrouwen vlooien Nikkie vaker dan andere mannen. Yeroen heeft niet zoveel vlooicontacten met vrouwen. Hij moet meestal zelf het initiatief nemen en zelf vlooien. Dandy wordt vaak gevlooid door Spin, maar weinig door andere volwassen vrouwen. Er zijn maar heel weinig vlooicontacten tussen volwassen mannen en kinderen. Contacten tussen mannen en kinderen hebben meestal de vorm van spelletjes.

Het meest en het langst vlooien de mannen met elkaar. Nikkie en Yeroen vlooien elkaar gemiddeld drie minuten per uur. Nikkie vlooit Yeroen meer dan andersom. Het beeld dat de leider op grond van zijn po-

Dandy vlooit Yeroen.

sitie gevlooid wordt door alle anderen gaat in dit geval niet op. Nikkie heeft er belang bij dat zijn bondgenootschap met Yeroen in stand blijft, en dat weerspiegelt zich in zijn vlooigedrag. De hoeveelheid vlooigedrag tussen Nikkie en Dandy hangt vooral af van de positie van Dandy. Toen Dandy nog geen rol van betekenis speelde, zag je weinig vlooien tussen hem en Nikkie. Als het al gebeurde, was het Dandy die Nikkie vlooide en niet andersom. Naarmate hij een grotere rol speelde, kreeg hij meer de kans om Nikkie te vlooien en ging Nikkie ook terugvlooien, daarmee aangevend dat hij ook belang had bij een goede verstandhouding met Dandy.

De hoeveelheid vlooigedrag tussen Yeroen en Dandy hing af van de machtsverhoudingen tussen de mannen en van het feit of het Nikkie lukte die twee uit elkaar te houden. Al het vlooien tussen Yeroen en Dandy gebeurde door Dandy. Het leek er echt op alsof hij iets van Yeroen wilde. Yeroen zelf verwaardigde zich niet hem terug te vlooien.

Onder sommige omstandigheden nam de vlooifrequentie bij chimpansees sterk toe: als er een machtsstrijd aan de gang was, vertoonden de rivaliserende mannen niet alleen veel imponeergedrag en agressief gedrag; ze vlooiden elkaar ook langer en intensiever.[8] Nikkie en Yeroen vlooiden elkaar in zo'n periode gemiddeld wel tien minuten per uur, met uitschieters van een uur of nog langer. Ook onder andere omstandigheden namen de spanningen soms toe. Iedere winter verblijven de chimpansees in Arnhem in een binnenhal. Buiten is het dan te koud en te nat voor ze. Het oppervlak van de binnenhal is een twintigste van het oppervlak van het buitenterrein. Op grond van proeven met ratten zou je verwachten dat door het dichter op elkaar zitten in de kleinere ruimte de agressie enorm toe zou nemen. Een onderzoek naar de effecten van 'overbevolking' op het gedrag van chimpansees in de Arnhemse chimpanseekolonie toonde aan dat de agressie lang niet zo extreem toenam als verwacht.[9] Wel was er een duidelijke toename van onderdanig gedrag en vriendschappelijk vlooien. De chimpansees beschikten met het vlooien over een middel om de negatieve gevolgen van het dicht op elkaar zitten op te vangen. Het extra vlooien in het binnenverblijf en tijdens een machtsstrijd verminderde spanningen en remde overmatige agressie.

Er is nog een moment waarop er intensief gevlooid wordt: als er vruchtbare vrouwen in de groep zijn, is er een duidelijke toename in het vlooien te zien. Sommige mannen vlooien dan niet alleen de vrouwen met een seksuele zwelling, maar ook elkaar. Is dat alleen om de spanningen als gevolg van seksuele concurrentie te verminderen of zit er meer achter?

Het mooie herfstweer is voorbij. De groep zit binnen en zal pas in het voor-
jaar weer naar buiten gaan. Er heerst een machtsvacuüm: er is geen duidelijke
leider aan te wijzen. Yeroen en Dandy weigeren onderdanig te zijn ten op-
zichte van Nikkie. Als gevolg van de opstand heerst er een gespannen sfeer.
Die komt niet tot uiting in gevechten, maar in veel onzeker vertoon van blote
tanden, in lange vlooipartijen, in veel ongedurig krabben en loeien. Al het
vlooien tussen de volwassen mannen is wederzijds. De mannen besteden alleen
maar aandacht aan elkaar. Zelfs vruchtbare vrouwen keuren ze geen blik
waardig. Ieder van de drie mannen probeert met een van de andere twee te
vlooien, onder uitsluiting van de derde. Gemiddeld vlooien ze twee tot vier
uur per dag, waarbij ze veelvuldig stuivertje wisselen. Als Nikkie en Yeroen
aan het vlooien zijn, doet Dandy zijn best het contact al bluffend te verbre-
ken. Lukt dan, dan gaat hij zelf mee vlooien. Als Dandy en Yeroen aan het
vlooien zijn, gaat Nikkie net zo lang bluffen totdat ze daarmee ophouden. En
Yeroen doet precies hetzelfde als Nikkie en Dandy aan het vlooien zijn. De
pogingen tot scheidende interventies verlopen intens: soms gooien de mannen
met autobanden naar een vlooiend duo of wringen ze zich letterlijk tussen de
twee vlooiers in. Ze krijsen regelmatig tegen elkaar, maar de mannen zijn
niet bereid een ander te steunen en het escaleert niet meer. De vrouwen hebben
het rustig, zij worden nu eens een tijdlang niet aangevallen. De vrouwen
groeten de mannen wel regelmatig. Yeroen ontvangt de meeste onderdanig-
heidsbetuigingen: twee derde van het totaal. De rest van de onderdanige be-
groetingen zijn voor Nikkie, want Dandy ontvangt er een tijdlang helemaal
geen.

Na verloop van tijd wordt duidelijk dat Nikkie toch gaat winnen. Tussen Ye-
roen en Dandy bestond en bestaat geen duidelijke rangverhouding. Geen van
beiden lijkt bereid onderdanig te zijn ten opzichte van de ander. Dat bemoei-
lijkt de vorming van een effectieve coalitie tussen die twee aanzienlijk. Nikkie
is steeds meer het centrale punt bij de onderlinge contacten. Nikkie richt zich
vooral op zijn relatie met Yeroen: steeds meer zit hij met hem samen, hij steunt
Yeroen weer voor de volle honderd procent en Dandy juist niet meer. Vlooicon-
tacten tussen Dandy en Yeroen komen steeds minder vaak voor. Drie weken na
de opstand is de eerste onderdanigheidsbetuiging van Dandy naar Nikkie te
horen. Een paar weken later volgt Yeroen, zij het schoorvoetend. Nikkie paart
weer met vruchtbare vrouwen. Voor zolang als het duurt is Nikkie's gezag her-
steld. Dandy is nu duidelijk een echte rivaal geworden. Zijn opkomst wordt
ook geïllustreerd door het feit dat als de situatie weer genormaliseerd is alle
vrouwen — en als allerlaatste Mama — hem onderdanig groeten.

ikkie zit met zijn haren overeind. Zijn bovenlichaam beweegt zacht heen en weer. Hij heeft een erectie: zijn roze penis steekt duidelijk af tegen zijn donkere vacht. Nikkie staat op en loopt naar Puist. Puist steekt haar roze opgezwollen achterwerk naar achteren en ze paren met elkaar. Binnen tien seconden is de paring voorbij en loopt Puist weg bij Nikkie. Later op dezelfde dag neemt Puist het initiatief om zich aan Dandy aan te bieden. Aan zijn erectie te zien is Dandy duidelijk in haar geïnteresseerd. Toch beweegt hij zich snel achterwaarts en komt het niet tot een paring. Nikkie zat te kijken en Dandy durfde het blijkbaar niet aan.[1]

6   DE VREUGDE VAN SEKS

Voortplanting

Volwassen chimpanseevrouwen hebben, als ze tenminste niet zogen of zwanger zijn, een menstruele cyclus van ongeveer vijfendertig dagen. Rond de ovulatie zijn de schaamlippen en het gebied rond de anus opvallend roze en opgezwollen. De seksuele zwelling duurt ongeveer twaalf dagen en alleen in die periode paren mannen en vrouwen met elkaar. Vaste paarrelaties bestaan niet. In principe kan iedere man met een vruchtbare vrouw paren, mits zij daar ook toe bereid is en andere mannen de paring niet verhinderen.[2] Chimpanseekinderen vertonen al op jeugdige leeftijd seksuele interesse: jongetjes proberen te paren met vruchtbare vrouwen en tijdens spelletjes vertonen jongetjes en meisjes ook onderling seksuele gedragingen. De man neemt meestal het initiatief tot een paring. Hij toont zijn erectie en trekt de aandacht van de vrouw. Als de vrouw op zijn uitnodiging ingaat, loopt ze naar de man toe en biedt zij haar achterwerk aan hem aan. De paring duurt maar kort, en van voor- of naspel is geen sprake. Dat lijkt weinig reden tot vreugde, maar blijkbaar is seks voor chimpanseemannen toch bevredigend. En ook voor chimpanseevrouwen als Puist, die zelf het initiatief nam. Als een vrouw niet op de uitnodiging ingaat, zijn de fysiek sterkere mannen soms wel vasthoudend, maar ze dwingen zelden een paring af. Nikkie heeft dat in het verleden wel gedaan bij Puist, die jarenlang geweigerd had. Op het toppunt van zijn macht in 1981 heeft hij haar er met veel doorzettingsvermogen toe gebracht zich aan hem te presenteren.[3] Daar gingen, tijdens verschillende vruchtbare perioden van Puist, maanden van bluf door Nikkie en aanvallen van Puist op Nikkie aan vooraf. Sinds die tijd vertoont Puist hetzelfde seksuele gedrag als de andere vrouwen.

Meestal zijn chimpanseemannen aardiger voor vruchtbare vrouwen. Ze vlooien ze langdurig, steunen ze tijdens ruzies en spelen met hun kinderen. In het wild komt het zelden voor dat een uitnodiging tot een paring door een vruchtbare vrouw genegeerd wordt. In Arnhem was dat anders: maar een kwart van alle uitnodigingen leidde tot een paring. Het is niet verwonderlijk dat Nikkie het meest succesvol was: in meer dan de helft van de gevallen dat hij een vrouw uitnodigde voor een paring, ging zij daarop in. Paringen met vrouwen buiten hun vruchtbare periode komen niet voor, seksueel gedrag bij volwassen chimpansees staat volledig in dienst van de voortplanting. Daar hebben de chimpansees zelf geen weet van. Er is geen enkele aanwijzing dat Nikkie of de andere chimpansees een verband zien tussen een paring en de geboorte acht maanden later van een baby. De omstandigheid dat chimpansees geen besef hebben van de biologische functie van hun voortplantingsgedrag, herinnert opnieuw aan het belangrijke onderscheid tussen proximate en ultimate factoren.

Waarom paren Nikkie en Puist met elkaar? Het proximate antwoord is dat chimpanseemannen geïnteresseerd zijn in chimpanseevrouwen met een seksuele zwelling. De seksuele zwelling is een uitwendige prikkel, de interesse is een ander woord voor motivatie. Nikkie toont zijn interesse door zich te presenteren. Daarmee maakt hij haar kenbaar dat hij wil paren. Als Puist op zijn uitnodiging ingaat, presenteert zij haar achterwerk, zakt ze door de knieën en loopt ze achterwaarts naar hem toe. Hij steekt zijn penis in haar vagina, maakt enkele snelle bekkenstoten en ejaculeert. Als de paring te vroeg wordt afgebroken, zal Nikkie zich binnen korte tijd opnieuw presenteren. Het kortetermijndoel van Nikkie en Puist is seksuele bevrediging.

Waarom paren Nikkie en Puist met elkaar? Het ultimate antwoord is: om nakomelingen te verwekken. Dieren die niet paren, krijgen geen nakomelingen. Uitsluitend het erfelijk materiaal van dieren die wel nakomelingen verwekken, wordt rechtstreeks doorgegeven aan de volgende generatie. Als er erfelijke eigenschappen bestaan die ervoor zouden zorgen dat een dier niet paart, zullen die eigenschappen niet terugkomen in toekomstige generaties. Niet alle dieren zijn even succesvol in de voortplanting. Voorzover die verschillen in voortplantings-succes berusten op erfelijke verschillen in kenmerken of gedrag, zorgt de natuurlijke selectie er per definitie voor dat de meest succesvolle va-

Belangstelling voor Gorilla met seksuele zwelling. Links Nikkie, midden Dandy, rechts Yeroen.

rianten in komende generaties vertegenwoordigd zullen zijn. Proximate en ultimate antwoorden op de waaromvraag sluiten elkaar niet uit, maar vullen elkaar aan. Ze kunnen allebei tegelijk waar zijn. Chimpansees paren met elkaar omdat ze dat prettig vinden. Ze streven seksuele bevrediging na. De functie van seksuele vreugde is gelegen in het doorgeven van erfelijk materiaal aan nakomelingen. Door de werking van de natuurlijke selectie gedragen dieren zich, zonder dat ze het zelf weten, zo dat ze de kans op hun eigen voortplantingssucces vergroten.

Seksuele concurrentie

Bij zoogdieren groeit een bevruchte eicel in de baarmoeder uit tot een baby. Hoe meer vrouwen een man bevrucht, des te groter zijn voortplantingssucces. Je mag dus verwachten dat bij chimpanseemannen net als andere mannelijke zoogdieren met elkaar concurreren om vruchtbare vrouwen. Dat blijkt zo te zijn. Het aantal paringen per man verschilt nogal en ruzies rond vruchtbare vrouwen komen wel voor. Als een onvolwassen man probeerde te paren, verhinderde een van de volwassen

Jimmy met seksuele zwelling. Direct naast haar zitten Nikkie en Dandy elkaar te vlooien.

mannen dat vaak. Nikkie was het minst tolerant ten opzichte van paringspogingen door oudere jongens. Jongens jonger dan een jaar of vijf legde hij geen strobreed in de weg. Oudere jongens konden rekenen op straf, als ze probeerden te paren met vrouwen die een maximale zwelling hadden. Ruzies als gevolg van een paringspoging door een volwassen man kwamen minder vaak voor. Er waren opvallende verschillen tussen de mannen. Nikkie reageerde bijna elke keer als Dandy zich aan een vruchtbare vrouw presenteerde, als hij het in de gaten had tenminste. Meestal zorgde Dandy er wel voor dat Nikkie hem niet kon zien als hij een vruchtbare vrouw benaderde. Yeroen reageerde zelfs nog vaker dan Nikkie op paringspogingen van Dandy. Dandy zelf reageerde niet wanneer Nikkie of Yeroen zich seksueel presenteerde. Opmerkelijk was dat Nikkie nooit reageerde op een paringspoging van Yeroen, ook al zat hij er met zijn neus bovenop.

Directe seksuele concurrentie in de vorm van ruzies tussen de volwassen mannen was daarom zelden te zien. Toch was het duidelijk dat er meer spanningen waren tussen de mannen als er een vrouw in haar vruchtbare periode was. En als de dood van Luit inderdaad voor een

Nikkie nodigt Tepel uit voor een paring.

deel het gevolg was van seksuele concurrentie, zoals Frans de Waal aangaf, dan bewijst dat hoe ernstig de gevolgen van die concurrentie kunnen zijn.[4] Misschien zie je zo weinig onderlinge ruzies omdat de mannen hun spanningen afreageren op andere groepsleden? Maar ruzies van mannen met andere groepsleden kwamen niet vaker voor en waren niet heftiger als er vruchtbare vrouwen waren. Alleen de agressie ten opzichte van jonge mannen met een lage positie in de rangorde nam toe. Dat begon al bij nog niet volwassen jongens. Die werden regelmatig opgejaagd of weggejaagd, vaak door Nikkie en Yeroen gezamenlijk.[5] Dat was misschien voor een deel een manier om onderlinge spanningen af te reageren, maar het leerde de jeugd ook om uit de buurt van vruchtbare vrouwen te blijven. De enige mogelijkheid die voor jonge en laag in rang staande mannen overbleef, was om stiekem te paren zonder dat de volwassen mannen het konden zien. Een jonge man die geïnteresseerd is in een ongestoorde paring met een vruchtbare vrouw steekt zijn hand naar haar uit. Als ze op zijn uitnodiging voor een afspraakje ingaat, neemt hij haar mee naar een afgelegen plek waar ze ongezien kunnen paren. In Afrika gaan een chimpanseeman en -vrouw soms voor langere tijd met elkaar op stap naar de randen van het groepsgebied. Zo vermijden ze het gezelschap en de mogelijke concurrentie van andere mannen.[6] Chimpanseemannen in Afrika doen soms heel wat moeite om vrouwen ertoe te bewegen met hen mee te gaan, vaak al voordat die vrouwen in hun vruchtbare periode zijn. De vrouwen hebben niet altijd zin om mee te gaan. Misschien mogen ze hem niet. Misschien zien ze ertegen op rond te trekken in een onbekend en mogelijk gevaarlijk gebied, zonder sociaal contact met anderen dan hun metgezel. Slaagt een man er niet in een vrouw met zich mee te krijgen, dan zal hij haar moeten delen met andere mannen.

De mate van concurrentie tussen de mannen hangt af van een aantal factoren. Volwassen mannen zijn competitiever ingesteld dan adolescenten. Mannen concurreren sterker met elkaar om volwassen vrouwen dan om jonge vrouwen. Ook maakt het uit hoeveel volwassen vrouwen op hetzelfde moment hun vruchtbare periode hebben: als er maar één vrouw vruchtbaar is, is de concurrentie heviger. Naarmate een vrouw haar seksuele zwelling al langer heeft (en de kans dus groter is dat ze aan het ovuleren is), wordt de concurrentie intenser. De relatie tussen mannen en vrouwen is ook van belang: mannen paren helemaal niet of minder vaak met vrouwen met wie ze verwant zijn: hun moeder of

Dandy paart met Puist en Ponga bemoeit zich ermee.

hun zuster. Incest, geslachtsgemeenschap tussen familieleden, kan tot gevolg hebben dat bij nakomelingen schadelijke erfelijke eigenschappen tot uiting komen. De kans daarop is groter, vergeleken bij paringen tussen individuen die niet verwant zijn. Biologisch gezien zou het dan ook verstandig zijn voor een individu niet systematisch met naaste verwanten te paren. Hoewel dieren dat niet beseffen, heeft het proces van natuurlijke selectie tot gevolg gehad dat verwanten minder geneigd zijn om met elkaar te paren. In de praktijk blijkt dat dieren minder vaak of niet paren met soortgenoten waarmee ze samen zijn opgegroeid. Bij chimpansees uit incestvermijding zich door een verminderde bereidheid bij mannen om met hun moeder of volwassen zuster te paren, terwijl vrouwen bij het bereiken van de adolescentie vaak tijdelijk de groep verlaten en in een andere groep bevrucht worden. Mannen in een andere groep zijn geen verwanten. Chimpanseevrouwen zijn minder geneigd om met oudere volwassen mannen binnen hun geboortegroep te paren.[7]

De voorkeuren van vrouwen spelen ook een rol. Het feit dat vrouwen niet altijd ingaan op een uitnodiging tot een paring, kan te maken hebben met vrouwelijke voor- en afkeuren. Het is onduidelijk op welke gronden vrouwen een voorkeur hebben voor sommige mannen. Zo verbaasde ik me erover dat Krom erop gesteld leek te zijn te paren met Wouter (9 jaar): ze nam daartoe vaak het initiatief en liep regelmatig naar Wouter toe om hem aan te raken. En dat terwijl Wouter de jaren daarvoor haar veelvuldig had gepest. Vrouwelijke initiatieven geven duidelijk een voorkeur aan. Omgekeerd hoeven afwijzingen van mannelijke uitnodigingen niet altijd te wijzen op een afkeer van de afgewezen man. De soms weinig succesvolle paringsuitnodigingen in Arnhem leken alles te maken te hebben met de inschatting van de betrokken man of vrouw dat een eventuele paring verstoord zou worden. Vrouwen die niet reageren op uitnodigingen van mannen die laag in de rangorde staan, waren vaak wel bereid met hen te paren als duidelijk was dat Nikkie ze niet kon zien. Het omgekeerde komt ook voor zoals de observatie van Dandy's reactie op het aanbieden van Puist liet zien.

In de meeste gevallen hebben chimpanseevrouwen weinig te kiezen, zeker in het wild. Hoe de paringen over de volwassen mannen verdeeld zijn, hangt vooral af van het aantal mannen en hun onderlinge relaties. In Arnhem paarde Nikkie duidelijk het meest van de drie volwassen mannen, maar hij kon de vruchtbare vrouwen niet volledig monopoliseren. Hij nam twee derde van de paringen voor zijn rekening. Aanvankelijk was de rest van de paringen voor Yeroen, maar dat veranderde in de loop van de machtsstrijd. De bemoeienissen van Dandy leidden ertoe dat Yeroen nauwelijks meer aan paringen toekwam en dat Dandy het deel van de paringen die Yeroen eerst had, had overgenomen. Naarmate de spanningen toenamen, werd het voor Nikkie steeds moeilijker de paringen te monopoliseren en zijn aandeel zakte tot iets minder dan de helft van het totaal. Yeroen en Dandy namen toen ieder een kwart voor hun rekening. We weten helaas niet welke man de vader is van welke kinderen. Tegenwoordig zou dat met moderne technieken makkelijk zijn na te gaan. Je zou dan weten wat de uiteindelijke effecten van alle mannelijke inspanningen geweest zijn. Nu weten we dat niet. Veel paringen garanderen nog geen voortplantingssucces in de zin van grote aantallen nakomelingen. Maar dat verandert niets aan het feit dat de mannen er veel energie in steken om hun kortetermijndoel te bereiken: zo veel mogelijk paren met een vruchtbare vrouw.

Onderhandelen over seks

De mannen concurreren met elkaar om vruchtbare vrouwen. Op een of andere manier slagen ze erin dat te doen zonder dat er steeds ruzie van komt. Er zijn spanningen, de paringen zijn ongelijk verdeeld, maar escalaties zijn zeldzaam. We hebben al gezien hoe vlooien spanningen kan verminderen, zoals wanneer de apen langdurig in het binnenverblijf dichter op elkaars lip zitten en wanneer de machtsverhoudingen onduidelijk zijn. En ook als er vrouwen vruchtbaar zijn, is er meer vlooien te zien. Het heeft er alle schijn van dat vlooien ook een middel is om de spanningen als gevolg van de seksuele concurrentie te verminderen. Niet alle mannen deden mee aan het extra vlooien. Toen Nikkie en Yeroen een stabiel bondgenootschap hadden, vlooiden ze elkaar duidelijk vaker als er een vruchtbare vrouw was, vergeleken met perioden zonder vruchtbare vrouwen. Maar met Dandy vlooiden ze geen van beiden. In de loop der jaren veranderde dat. Nikkie koos er steeds meer voor om met Dandy te vlooien in plaats van met Yeroen. Er veranderde nog meer. Yeroen mocht niet meer paren en Dandy, die voorheen werd uitgesloten van seks, kon nu wel ongestoord paren. Nikkie ging Dandy steunen tijdens ruzies, iets wat hij daarvoor nog nooit had gedaan. Yeroen legde zich niet bij de situatie neer. Hij begon vaak op een afstandje hysterisch te krijsen als de andere twee mannen elkaar zaten te vlooien. Die negeerden hem volledig. De situatie leek daarmee sterk op die van een paar jaar daarvoor toen Nikkie de relatie met Luit aanhaalde ten koste van Yeroen.[8] Het resultaat was dan ook voorspelbaar: Yeroen verbrak na verloop van tijd zijn bondgenootschap met Nikkie. Het gevolg was dat de machtsverhoudingen tussen de volwassen mannen een tijdlang onduidelijk waren. Nikkie beëindigde vervolgens zijn speciale relatie met Dandy. Hij ging bij ruzies Yeroen opnieuw steunen tegen Dandy en hij zocht Yeroen weer op om mee te vlooien, vooral als er een vruchtbare vrouw in de groep was.

Het was opvallend dat twee volwassen chimpanseemannen elkaar vaak lang en intensief zaten te vlooien in de directe nabijheid van een vruchtbare vrouw. Dat was voor Frans de Waal aanleiding om te suggereren dat het daarbij niet alleen maar ging om het verminderen van spanning en het gezamenlijk toezicht houden op de vrouw. Het zou gaan om een vorm van onderhandelen over seks, waarbij in ruil voor langdurig vlooien een man soms toestemming kon krijgen om te paren.[8] Ik was benieuwd of dat klopte.[9]

Als er sprake zou zijn een ruilhandel, zou je verwachten dat er een duidelijk verband in de tijd bestaat tussen vlooigedrag en ongestoorde seks. Het idee is dat een man, direct voorafgaande aan een paringspoging, contact maakt met de meest dominante man. Dat is immers degene die zijn paring zou kunnen verstoren. Het contact zou moeten leiden tot een vlooisessie, waarbij vooral de man die vervolgens probeert te gaan paren, actief vlooit. Er waren in 1983 duidelijke verschillen tussen de drie mannen. Dandy had voorafgaand aan zijn paringspogingen juist geen contact met de andere twee mannen: hij probeerde stiekem te paren. Nikkie maakte voordat hij ging paren wel regelmatig kort contact met Dandy, alsof hij zich wilde vergewissen van diens stemming. Door te paren riskeerde Nikkie in die periode vol spanningen namelijk een gezamenlijk optreden van Yeroen en Dandy tegen hemzelf. Door vooraf contact met Dandy te maken kon Nikkie mogelijk beter de bereidheid van Dandy inschatten om Yeroen te helpen bij een eventuele verstoring van Nikkie's paring. Soms maakte Nikkie ook even tevoren contact met Yeroen. In een periode dat Amber vruchtbaar was, was Nikkie de enige van de mannen die we met haar hadden zien paren, een aantal malen. Soms protesteerde Yeroen. Hij begon dan te blaffen en te krijsen. Op een morgen zat Amber hoog boven in een boom. Nikkie paarde met haar, Yeroen krijste en stak zijn hand uit naar Dandy. Nikkie kwam naar beneden en maakte contact met Yeroen. Nikkie ging vervolgens de boom weer in. Dandy ging mee. Nikkie omhelsde hem en paarde opnieuw met Amber. Yeroen blafte en krijste en stak weer zijn hand uit naar Dandy die naar hem toekwam. Opnieuw maakte Nikkie contact met Yeroen. Deze keer vlooide hij hem kort om vervolgens opnieuw te gaan paren. De contacten die Nikkie maakte met Dandy en Yeroen waren opvallend, maar te kort om ze als onderhandelingen te betitelen. Er werd niks uitgewisseld.

Anders lag dat bij de paringspogingen van Yeroen. Voorafgaand aan zijn seksuele uitnodigingen aan vruchtbare vrouwen had Yeroen vaak vlooicontact met Nikkie. De tijd tussen het vlooien en de daaropvolgende paringspoging liep uiteen van enkele seconden tot iets minder dan tien minuten. Juist als Yeroen een actief aandeel in het vlooien had gehad, was de tijd tussen het vlooien en de seksuele uitnodiging kort. De gegevens over het verband tussen vlooien en seksuele uitnodigingen zouden daarmee voor Yeroens paringen passen bij een vorm van onderhandelen over seks. Toch lijkt het onbevredigend dat vlooien een voldoende hoge prijs zou kunnen zijn voor ongestoorde seks. De balans lijkt niet in evenwicht te zijn als de ene man zijn voortplantingssucces kan verhogen via paringen, terwijl de andere man genoegen moet nemen met wat vlooien. Welk belang heeft Nikkie erbij om zich door Yeroen te laten vlooien? Hij zou er meer bij gebaat zijn als Yeroen zijn bondgenootschap met Nikkie zou hernieuwen en Nikkie weer zou steunen tegen Dandy. In dat geval zou Nikkie weer makkelijker vruchtbare vrouwen kunnen monopoliseren.

Het leek erop of Nikkie's strategie zich meer op deze langere termijn richtte. Nadat Yeroen de coalitie met hem verbroken had, zaten Nikkie en Yeroen vaak met elkaar te vlooien voordat Yeroen zich presenteerde aan een vruchtbare vrouw. Je zou ook kunnen zeggen dat Yeroen pas naar een vruchtbare vrouw ging als hij kort daarvoor met Nikkie had gevlooid. Het bleek dat in de helft van de gevallen Nikkie vlooide zonder dat Yeroen terugvlooide. Toch stond Nikkie toe dat Yeroen in die periode herhaaldelijk Gorilla uitnodigde om mee te paren. In deze tijd had van de drie mannen Yeroen duidelijk het meeste succes. Na een aantal maanden volgde een opvallende periode. Drie weken lang waren er veel conflicten tussen Yeroen en Dandy. De conflicten begonnen iedere keer op dezelfde manier. Nikkie en Yeroen zaten met elkaar te vlooien en Dandy begon Yeroen te imponeren, waarop Yeroen ging krijsen. Het vlooien stopte en Yeroen liep krijsend achter Dandy aan. Nikkie liep dan steeds aan de zijde van Yeroen mee. Nikkie had dan zijn haren overeind, ontblootte zijn tanden in een onzekere grijns en stak herhaaldelijk zijn hand naar Yeroen uit. Alles wees erop dat hij Yeroen vroeg om samen Dandy aan te pakken, maar dat gebeurde geen enkele keer. Yeroen bleek dus niet bereid zijn bondgenootschap met Nikkie te herstellen.

Nikkie leek daar na drie weken de consequenties uit te trekken. Hij stopte volledig met het steunen van Yeroen tegen Dandy en Yeroen kreeg geen kans meer om te paren met vruchtbare vrouwen, hoe intensief hij ook vlooide. Ik kreeg het idee dat het vlooien tussen Nikkie en Yeroen vlak voor een paring geen betaalmiddel was, maar een vorm van overleg of een test van de bereidheid om ook in de relatie te investeren en de overeenkomst na te komen. De betaling voor een ongestoorde paring zou dan steun tijdens conflicten met een potentiële rivaal zijn en herstel van het bondgenootschap. Yeroen betaalde Nikkie niet terug voor de paringsrechten die hij kreeg: hij hernieuwde zijn bondgenootschap met Nikkie niet en steunde Nikkie niet tegen Dandy. Als gevolg daarvan verloor hij zijn paringsrechten weer.

Het verband tussen contacten en daaropvolgende paringsuitnodigingen tussen mannen was vooral zichtbaar in de dagen rond de ovulatie. Meestal zijn dat de laatste vier dagen als een vrouw een maximale zwelling vertoont. Alleen is natuurlijk pas achteraf vast te stellen wat de laatste vier dagen zijn geweest. Vroeger werd wel gedacht dat chimpanseemannen op een of andere manier kunnen waarnemen op welke dagen vrouwen het meest vruchtbaar zijn, maar dat lijkt onwaarschijnlijk. De vrouwen hebben geen bijzondere visuele kenmerken rond de ovulatie en scheiden in die tijd geen kenmerkende geurstof af. De mannen lijken een simpele stelregel te volgen: hoe langer de maximale zwelling duurt, des te geïnteresseerder ze zijn. Op die manier concurreren ze meestal het heftigst met elkaar in de periode die biologisch het meest van belang is, namelijk op het moment dat de bevruchting kan plaatsvinden. Als er een bevruchting optreedt, houdt haar cyclus tijdens de zwangerschap en na de geboorte van een kind tijdelijk op. Zolang het hoofdvoedsel van het kind moedermelk is, blijft de cyclus weg, heeft de vrouw even niets te maken met seksuele belangstelling van de mannen en is ze geen ruilmiddel meer in een onderhandelingsproces. Vier of vijf jaar lang wijdt ze zich aan de opvoeding van haar kind, als dat in leven blijft tenminste. Na die tijd komen de zwellingen weer terug en begint alles weer van voren af aan.

Nakomelingen

Niet alleen volwassen mannen zijn geïnteresseerd in paringen van andere mannen met een vruchtbare vrouw. Jonge chimpansees bemoeien
zich vaak op een of andere manier met een paring. Een derde van alle
paringen van een volwassen man met een volwassen vrouw wordt verstoord doordat een of meer kinderen aan komen lopen, aan de man
gaan trekken of duwen, hem slaan of hem met zand of stokken bekogelen. Niet alleen jongens, ook meisjes verstoren paringen. Zowel kinderen van de vrouw waarmee gepaard wordt, als andere kinderen komen
aanrennen als ze in de buurt zijn. De kinderen bemoeien zich met paringen van alle mannen en hun interventies zijn vaak echt storend. De
paring wordt vaak onderbroken. De man jaagt de kinderen dan weg of
leidt ze af door met ze te gaan spelen.[10]

Er zijn in de loop der jaren verschillende hypothesen opgesteld over
deze seksuele interventies. Ze zouden een vroege vorm van seksuele
concurrentie door jonge mannen kunnen zijn. Maar dat strookt niet
met het feit dat ook meisjes zich met paringen bemoeien. Het zou voor
kinderen een manier kunnen zijn om te leren over seks. Maar dan zou
je verwachten dat alleen de jongste kinderen het doen, en dat is niet
zo. Bovendien geven de kinderen er blijk van dat ze uitstekend op de
hoogte zijn met seks. Jongetjes proberen al van jongs af aan met
vruchtbare vrouwen te 'paren' en jongens en meisjes hebben seksueel
getinte spelletjes met elkaar. De seksuele interventies zouden ook een
uiting kunnen zijn van een belangentegenstelling tussen een moeder en
haar kind. Paringen leiden vroeg of laat tot een zwangerschap. Een al
bestaand kind wordt gespeend en zal op eigen benen moeten staan. Als
er een broertje of zusje komt, zal de aandacht van de moeder vooral
naar de nieuwe baby gaan. Door hun seksuele interventies zouden de
kinderen een zwangerschap van hun moeder kunnen uitstellen, zodat
ze zelf voor een langere periode op moederlijke verzorging kunnen rekenen. Als dat zo was, zouden kinderen zich vooral moeten bemoeien
met paringen waar hun eigen moeder bij betrokken is. Dat blijkt niet
zo te zijn. Ook andere kinderen bemoeien zich er vaak mee. Zelfs oudere kinderen, die al een jonger broertje of zusje hebben. Daarnaast is
er geen enkele aanwijzing dat het gedrag van de kinderen enige invloed
heeft op de tijd die het duurt voordat een vrouw zwanger wordt. Het is
onduidelijk wat de kinderen voor voordeel hebben van hun gedrag.

— Maart 1983 —

De winter is voorbij. Het is schitterend weer, de zon schijnt, maar in de gracht rond het chimpansee-eiland ligt nog steeds een dun laagje ijs, restant van een voorbije vorstperiode. Met een shovel wordt het ijs kapot gebroken. Dan kunnen de apen tenminste naar buiten. Eindelijk is het zover. Het luik wordt opengetrokken en de chimps komen eraan, Nikkie voorop. Tot onze verbijstering komt de rest krijsend en blaffend achter hem aan, aangespoord door Dandy en Yeroen. Nikkie zet het op een lopen, maar in plaats van een boom in te vluchten rent hij op volle snelheid rechtdoor. Hij sprint het hele terrein over, gaat recht op de gracht af en springt eroverheen. Terwijl de rest van de groep opgewonden bij het randje van de gracht stilhoudt, rent Nikkie door. Hij gaat dwars door de dierentuin, komt langs het safaripark, steekt een weg over en komt tot stilstand in een bos.

Ik haal de apen weer naar binnen en verzorgster Jacky Hommes rent Nikkie achterna. Na een tijdje zoeken komt ze hem in het bos tegen. Hij is kennelijk blij haar te zien en blijft bij haar in de buurt. Een half uur lang lopen ze samen door het bos, met een tussenruimte van een paar meter. Het duurt even voordat we Nikkie en Jacky gelokaliseerd hebben. De gealarmeerde jachtopziener John van Eck schiet van twintig meter afstand een verdovingspijl in Nikkie's bovenarm: een meesterschot. Nikkie schrikt hevig, slaat het pijltje uit zijn arm en maakt dat hij uit de buurt komt. Gelukkig is er voldoende van het verdovende middel in zijn lichaam terechtgekomen. Zodra dat begint te werken komt Nikkie weer dichterbij. Het lijkt erop dat hij behoefte heeft om bij bekenden te zijn. We vlooien hem tot hij erbij neervalt. Onder begeleiding van dierenarts Piet de Jong wordt hij per auto teruggebracht naar de dierentuin en in zijn nachthok gelegd, lekker warm in het stro.

ikkie heeft een kind aan de buik. Het is Jing, elf maanden oud. Zijn moeder Jimmy zit aan de andere kant van het eiland. Chimpanseekinderen van elf maanden zijn normaal gesproken alleen in de directe nabijheid van hun moeder te vinden. En volwassen chimpanseemannen zijn over het algemeen niet van die vaderlijke types die met een kind aan de buik lopen. Soms spelen ze wel eens met kleine kinderen of vlooien ze. De moeder van het kind is dan altijd in de buurt zodat ze op haar kind kan letten.

Behalve hun zaad, dragen mannen weinig bij aan hun nageslacht. Als ze al met kleine kinderen bezig zijn, is dat soms om de moeder van het kind te paaien. Daar is in dit geval geen sprake van. Jimmy, toch een ervaren moeder, laat Jing regelmatig aan zijn lot over en Nikkie heeft zich tijdelijk over hem ontfermd.

7 BABY- EN KINDERVERZORGING

Opvoeding

Chimpanseekinderen worden geboren na een zwangerschap van acht maanden. Onderzoekers noch chimpansees weten wie de vader is. Geen van de mannen heeft een speciale band met een of meer kinderen. De opvoeding van de kinderen is volledig in handen van de moeder en duurt jaren. De tijd en energie die chimpanseemannen en chimpanseevrouwen in kinderen steken, verschillen aanzienlijk. De bioloog Trivers heeft erop gewezen dat er bij alle dieren belangentegenstellingen bestaan tussen voortplantingspartners.[1] Die belangentegenstellingen gaan over de vraag hoeveel ieder van de partners bijdraagt aan de verzorging van de kinderen. Iedere partner staat voor de keuze te investeren in bestaande nakomelingen of in nieuwe nakomelingen met een andere partner. Voor het voortplantingssucces van ieder van de partners zou het gunstig zijn als de andere ouder de verzorging van de gezamenlijke nakomelingen op zich zou nemen. De partner die niet de kinderen verzorgt, kan namelijk weer investeren in nieuwe nakomelingen. Vrouwen staan in deze belangentegenstelling op achterstand ten opzichte van mannen, omdat ze vanaf het begin een grotere investering doen: een grote eicel. De mannen leveren nietige zaadcellen waarvan er één de voedzame eicel bevrucht. Bij zoogdieren investeert de vrouw nog veel meer dan alleen de eicel: het kind groeit bij haar in de buik en na de geboorte geeft ze het een tijdlang melk. Je zou kunnen zeggen dat vrouwelijke zoogdieren uitgebuit worden. Bij chimpansees is dat niet anders en dragen de mannen vrijwel niets bij aan de opvoeding van hun kinderen.

Normaal gesproken zit of hangt een chimpanseebaby de eerste maanden na de geboorte de hele dag bij de moeder. Hij klemt zich aan haar vast, aanvankelijk nog ondersteund door de moeder. Het kind drinkt melk bij de moeder tot het gespeend wordt op 4- of 5-jarige leeftijd, een tijd waarin het kind veelvuldig en luid protesteert als zijn moeder hem niet toestaat te drinken. Behalve voedsel in de vorm van melk biedt een moeder haar kind ook bescherming: tegen kou, tegen de regen, tegen opdringerige chimpansees. Door het nauwe lichaamscontact biedt een moeder haar kind letterlijk warmte: vooral in de eerste weken hebben baby's moeite om zelf hun temperatuur op het juiste niveau te handhaven. De kinderen worden vaak door moeder gevlooid. Als ze een maand of zes oud zijn, stimuleert moeder haar kind om te gaan kruipen: ze legt het een metertje van zich af en laat het naar zich toe hobbelen. Sommige moeders wiegen dan zachtjes heen en weer, springen op en neer en strekken hun armen met open handen uit.

Weer later spelen moeders met hun kinderen, maar gaandeweg gaan de kleintjes vaker zelf op pad en met anderen spelen. Vooralsnog alleen onder het waakzame oog van moeder: zij beschermt haar kind als het in de problemen komt en behoedt het voor dreigend gevaar.[2] Als een naïef kind op de gracht in Arnhem afkruipt, zal de moeder het oppakken en bij zich nemen voordat het te laat is; tegelijkertijd leert het kind dat het daar niet heen moet. Er zijn grote verschillen tussen moeders wat betreft de mate van bescherming die zij hun kinderen bieden en het moment waarop zij hun kinderen 'loslaten', maar normaal gesproken komt een kind het eerste levensjaar nauwelijks los van de moeder.

Tantes en pleegmoeders

Chimpanseevrouwen zijn niet automatisch goede moeders. In de beginjaren van de Arnhemse chimpanseekolonie werden kinderen geboren die niet in de groep konden opgroeien. Hun moeders wisten niet wat ze met ze aan moesten en konden ze niet goed verzorgen. De volwassen vrouwen uit de kolonie waren allemaal afkomstig uit dierentuinen of van particulieren waar ze alleen of in kleine groepjes hadden geleefd. Pas toen een van de vrouwen een kind grootbracht, konden de anderen de kunst van haar afkijken en zelf ook eens met een kind rondlopen.

Die mogelijkheid was het equivalent van een handboek baby- en kinderverzorging. Alhoewel de volwassen vrouwen in Arnhem geen familie van elkaar zijn, vervulden verschillende kinderloze vrouwen de rol van 'tante' voor sommige kinderen. Ze hadden een speciale band met sommige kinderen van een andere vrouw, liepen met die kinderen rond, speelden met ze, beschermden ze tegen al te opdringerige of ruwe groepsleden. De vrouwen die een tante-rol vervulden voor kinderen van andere vrouwen, hadden een nauwe band met de moeder van de betreffende kinderen. In Afrika zouden ze waarschijnlijk familie van de moeder zijn, meestal een dochter. Zonder zo'n nauwe band zou de moeder ook niet toestaan dat een andere vrouw aan haar kind komt.

Langzamerhand ontwikkelden alle vrouwen in Arnhem zich tot goede moeders, ook de vrouwen die daarvoor hun kinderen verstootten. Het meest frappante voorbeeld daarvan is Spin. Als zoveel chimpansees was Spin vroeger opgegroeid bij mensen, in plaats van onder soortgenoten. In een circus had ze kunstjes geleerd, maar ze had nooit iets geleerd over het grootbrengen van kinderen. Toen Wouter, haar eerste kind, geboren werd, wist ze niet wat ze met zo'n vreemd wezen moest beginnen: ze liet hem alleen in een hoekje van haar nachthok liggen zonder hem op te pakken of zelfs maar aan te raken. Er zat niets anders op dan het kind weg te halen en door mensen te laten verzorgen. Wouter werd later aan Tepel gegeven, die net een doodgeboren baby had gekregen. Een tweede kind van Spin moest ook weggehaald worden en kwam in de dierentuin van Hannover terecht, waar het nu in een oerwoudhuis leeft. Het kind van Spin was toen weg, maar ze had nog wel melk. En daar kwam Jonas op af. Jonas, die door zijn moeder Jimmy werd gespeend nadat Jakie geboren was, zocht en vond een andere melkbron. Hem kon Spin niet negeren net als haar eigen kind, want Jonas was tweeënhalf jaar en erg vasthoudend. Als Spin Jonas van zich afduwde, protesteerde die luidkeels, waarop Jimmy haar zoon kwam helpen. Spin koos dan liever voor toegeven aan Jonas dan voor ruzie met Jimmy. Ook het ingrijpen van verzorgers die afwisselend Spin en Jonas enkele weken uit de groep en in het nachthok hielden, mocht niet baten: eenmaal weer samen in de groep bleef Jonas drinken bij Spin. Zowel Spin als de verzorgsters legden zich uiteindelijk bij het onvermijdelijke neer. In de loop der jaren ontwikkelde zich een sterke band tussen Jonas en Spin en Jonas bracht veel meer tijd bij Spin door dan bij zijn eigen moeder.[3] Spin liet Jonas niet alleen maar drinken, maar droeg hem met zich mee aan haar buik, vlooide hem veelvuldig en nam het zelfs voor hem op als hij ruzie had. Tot op 6-jarige leeftijd hing Jonas regelmatig bij Spin aan de buik en dronk hij bij haar. Het was geen gezicht om Spin moeizaam over het terrein te zien sjokken met de veel te grote Jonas aan haar buik. Hij sleepte bijna over de grond. Al die tijd werd Spin niet opnieuw vruchtbaar. Dat gebeurde pas weer toen Jonas ten slotte ophield bij haar te drinken. Spin werd zwanger en haar zoon Soko verzorgde ze alsof ze nooit anders gedaan had. Het was haar derde kind, maar het eerste dat ze zelf op zou voeden.

Misschien vond Jimmy het wel makkelijk, dat een andere vrouw haar kind zoogde en verzorgde. Haar tweede kind Jakie liet ze al vanaf een jonge leeftijd grotendeels verzorgen door haar vriendin Krom. Krom is een geval apart in de groep, onder andere omdat ze doof is. De anderen houden daar rekening mee en raken Krom even aan als ze haar iets duidelijk willen maken. Maar haar pasgeboren kinderen kunnen daar uiteraard geen rekening mee houden. Krom reageert niet op hun geluiden en keer op keer ging het mis als Krom een baby kreeg. Al haar kinderen gingen na korte tijd dood of moesten bij haar weggehaald worden. Slechts één kind van Krom maakt deel uit van de groep, en die is niet bij Krom zelf opgegroeid. Roosje is een dochter van Krom, maar werd door Gorilla grootgebracht. Gorilla verloor haar eigen kinderen steeds, waarschijnlijk omdat ze onvoldoende melk voor hen had. Frans de Waal kwam op het idee om Gorilla te leren Roosje de fles te geven. Op die manier kon Roosje in de groep blijven en kon Gorilla een kind opvoeden. Het lukte wonderwel en daarmee was Roosje na Wouter het tweede kind dat niet werd opgevoed door de natuurlijke moeder, maar door een andere chimpanseevrouw.[3] Zowel Tepel als Gorilla voedden hun pleegkinderen als eigen kinderen op, tot in volwassenheid. Zij laten zien dat er a priori geen reden is waarom een pleegmoeder een minder goede moeder zou zijn dan de natuurlijke moeder. Het tegendeel was in dit geval waar, gezien de tekortschietende capaciteiten van Spin en Krom. De opvoeding die Tepel en Gorilla aan hun pleegkinderen gaven, is ook een vorm van biologisch ouderschap. Het opvoeden van kinderen, het sociale ouderschap, is net zo biologisch als het verwekken en baren van kinderen, dat beter aangeduid kan worden als genetisch ouderschap.

Gorilla en Gaby

Een paar jaar na het experiment met Roosje kreeg Gorilla een dochter: Gaby. Het ging niet goed. Gorilla hield haar dochter zo laag vast dat die geen kans kreeg om te drinken. We probeerden Gorilla haar babydochter de fles te laten geven. Dat lukte niet. Gorilla liet wel merken dat ze zich de flesvoedingen nog herinnerde: ze wist meteen dat de fles niet voor haar bestemd was en dat ze er niet uit mocht drinken. Maar het lukte verzorgster Jacky Hommes niet om haar medewerking te krijgen: ze stopte de speen van de fles niet in de mond van Gaby. Na een paar dagen haalden we Gaby bij Gorilla weg. Drie maanden lang kreeg Gaby vervolgens de fles uit mensenhanden. Gorilla was in die maanden dat ze haar dochter kwijt was, opmerkelijk nerveus en had grote belangstel-

Gorilla en Gaby.

99

ling voor kleine kinderen van andere vrouwen. Ze zou haar dochter te-
rugkrijgen, maar pas nadat ze haar zou voeden. De flesvoedingen waarbij Jacky met Gaby aan de ene kant van de tralies zat en Gorilla door de
tralies heen de fles moest geven, liepen al snel goed. Gorilla hield de
fles lang en stevig vast zodat Gaby eruit kon drinken. Ze had in de gaten wat de bedoeling was. Ze kende de betekenis van de woorden:
'geef', 'pak', 'fles', 'baby' en 'omhoog'. Als Gaby zich verslikte, haalde
Gorilla de fles uit haar mond. Beloningen in de vorm van komkommer,
banaan, grapefruit en venkel verhoogden haar interesse. Ze kreeg pas
een beloning nadat ze een tijdlang de fles goed had vastgehouden. Soms
vroeg ze zelfs door handgebaren uit zichzelf om de fles. Tijdens de voe-
dingen begon ze soms een nestje te bouwen van het stro in haar hok.
Na verloop van tijd was er geen beloning in de vorm van voedsel meer
nodig, maar was het bezig zijn met Gaby voldoende beloning. Uit alles
was duidelijk dat Gorilla Gaby graag wilde hebben, maar haar beschouw-
de als iets van Jacky. Als Gaby bijvoorbeeld voor de tralies werd gehouden en geluid maakte omdat ze geen houvast meer had, stak Gorilla haar
handen naar haar uit, maar aarzelde ze om Gaby echt vast te pakken.

Twee weken na het begin van de flesvoedingen legt Jacky Gaby in het
lege hok van Gorilla. Als Gorilla in haar hok gelaten wordt, kijkt en
ruikt ze aan Gaby, vlooit haar wat, maar pakt haar niet meteen bij zich.
Dat doet ze pas als Gaby door haar gespartel op de grond dreigt te vallen. Gaby protesteert heftig tegen de manier waarop haar moeder haar
vastpakt. Ze klemt zich niet vast. Gorilla lijkt daar niets van te snappen
en legt haar weer neer. De komende dagen blijkt dat de communicatie
tussen moeder en kind niet goed loopt. Gaby snapt niet wat ze bij Gorilla te zoeken heeft en ligt urenlang te krijsen en te zeuren om houvast. Gorilla snapt niet waarom dat kind zo raar doet: als ze Gaby oppakt of anders beetpakt, blijft Gaby protesteren en ze grijpt Gorilla niet
vast. Gaby lijkt veel sterker te reageren op mensen dan op haar moeder. De eerste voeding verloopt perfect. Gorilla komt met Gaby naar
de tralies, pakt direct de fles en brengt hem rechtstreeks naar Gaby's
mond. Gaby neemt de speen in haar mond en drinkt achter elkaar de
fles leeg die Gorilla al die tijd blijft vasthouden zonder dat daar veel
bijsturen of aanmoedigen voor nodig is.
  Ondanks dat Gorilla Gaby veel alleen laat liggen, is ze duidelijk heel
geïnteresseerd in Gaby: ze vlooit haar vaak, neemt Gaby altijd mee als
ze moet overlopen naar een ander hok en vindt het niet prettig als Jacky Gaby aanraakt. Pas als Roosje bij haar moeder en zusje in het hok ge-

laten wordt, verbetert de situatie. Gorilla houdt Gaby beter bij zich en Roosje let erop dat haar moeder geen rare dingen uithaalt. Als Gorilla Gaby wat ruw omdraait, pakt Roosje haar zusje snel bij zich. Eén keer pakte Roosje geheel spontaan de fles en duwde hem in de mond van Gaby.

Als Gorilla overdag samen met anderen in de groep mag, gaat het nog weer beter. Ze houdt Gaby prima bij zich. Gaby gaat zich ook steeds meer vastklemmen, zij het onhandig. Daardoor kan ze nu ook bij de tepel komen en gaat ze bij Gorilla drinken. Gorilla legt haar zelfs af en toe aan de borst. Binnen twee weken na de hereniging van moeder en dochter is alles in orde. Alleen de flesvoedingen twee tot drie keer per dag onderscheiden Gorilla en Gaby nog een tijdlang van andere moeder-kindparen. Dat duurt niet lang, want binnen een maand heeft Gaby helemaal geen behoefte meer aan extra flesvoedingen. Blijkbaar krijgt ze genoeg binnen van haar moeder.

Jimmy en Jing

Een stabiele sociale binding zoals die tussen Gorilla en Gaby is ontstaan, is belangrijk voor de ontwikkeling van een kind. Maar er zijn ook moeders, zoals Jimmy, die heel anders met hun kinderen omgaan.

Haar zoon Jonas was tweeënhalf toen hij gespeend werd en zijn heil zocht bij Spin. Jakie was twee jaar oud toen hij niet meer mocht drinken bij zijn moeder. Net in die tijd werd Roosje bij Krom weggehaald. Het kwam Jakie goed uit dat de beste vriendin van zijn moeder geen kind had, maar wel melk. Hij ging melk drinken bij Krom en liet zich ook graag door haar ronddragen. Niet zo lang als zijn oudere broer rondgedragen werd door Spin, maar toch twee jaar lang. Het leek wel of Jimmy met ieder volgend kind een stapje verder ging. Na de geboorte van Jing vond ze het al snel goed dat anderen met hem rondliepen. De zeven jaar oude Jonas had zijn jongste broer regelmatig bij zich vanaf dat deze drie weken oud was. Hij nam hem aan de buik en liep tot op grote afstand van Jimmy met hem weg. Ook Jakie mocht met Jing spelen, alleen lette Jimmy dan iets beter op. Later liepen ook andere kinderen zoals Fons en Wouter met Jing rond. Wouter (7 jaar) was meestal wel voorzichtig met Jing, maar gaf hem niet snel weer aan Jimmy terug. Soms kidnapte hij Jing onverwacht. Rennend stoof hij dan langs Jimmy en rukte Jing uit haar armen. Dat ging Jimmy toch te ver en krijsend ging ze achter Wouter aan om haar kind terug te halen.

Jimmy geeft een protesterende Jing aan Krom.

Ook tante Krom bemoeide zich veel met Jing. Vaak heel onhandig: ze sleepte de drie maanden oude Jing over de grond en liet hem na verloop van tijd alleen achter. De arme Jing moest vaak tientallen meters alleen kruipen, achter Krom aan. Hij dronk ook bij Krom, die – alweer – net een kind kwijt was. Terwijl de even oude Soko en Asoet de hele dag veilig bij hun moeder aan de buik zaten, leek het erop alsof Jing op een leeftijd van vijf maanden zich noodgedwongen een stuk sneller ontwikkelde dan zijn leeftijdgenootjes.

Soms ging hij zelfs al uit zichzelf op stap, meestal om van Krom terug naar Jimmy te lopen. Zijn kruipen ging langzaam over in kleine, onbeholpen stapjes. Naarmate hij ouder en beweeglijker werd, kon hij steeds vaker zelf op zoek naar zijn moeder. Zeven maanden oud kroop hij regelmatig naar Jimmy toe, die hem steevast ontweek. Dat ging een keer ruim vijf minuten door. Krijsend en zeurend legde Jing tientallen meters af. Net als hij bij Jimmy was aangekomen, stond die op en liep weg. Krijsen en zeurend ging Jing dan weer achter haar aan, waarop Jimmy weer wegliep, waarop .... Ten slotte nam Jimmy Jing bij zich om hem na een halve minuut over te geven aan Krom. Negen maanden oud bracht Jing het grootste gedeelte van de dag bij Krom door. Hij krijste

Jing drinkt bij Krom.

Krom met Jing op de rug.

en zeurde beduidend minder dan in de maanden daarvoor, behalve als hij weer eens helemaal alleen achtergelaten werd door Krom en Jimmy hem ontliep.

Tien maanden oud werd Jing steeds sneller en wist hij Jimmy en Krom vaak in te halen als die zich van hem verwijderden. Hij werd steeds vasthoudender en dreef zowel Jimmy als Krom regelmatig tot wanhoop. Als hij zich aan hen vastklampte, probeerde Jimmy of Krom hem los te maken en ertussenuit te knijpen. Op een normale dag viel de volgende cyclus (Jing 11 maanden) meermalen te zien.

Jimmy heeft Jing en probeert hem over te geven aan Krom, die daar niet bepaald happig op is. Uiteindelijk heeft Krom Jing. Na kortere of langere tijd laat Krom hem alleen achter. Jing probeert dan bij Jimmy of Krom te komen, die meestal boven in een stellage zijn gaan zitten. Jing kan nog niet zo goed klimmen. Als hij met veel moeite tot bij Jimmy geklauterd is, staat zij op en gaat ze een eindje verder zitten. Op een gegeven moment ontfermt een van zijn broers of een ander zich over Jing. Daar is Jing niet tevreden mee, mede ten gevolge van de vaak ruwe behandeling die hem ten deel valt. Onlangs werd hij als slagwapen en als trampoline gebruikt. Vooral Jonas ontfermt zich nogal eens op hardhandige wijze over zijn kleine broertje. Hij zwaait met hem, rukt aan hem, slaat hem en houdt hem tegen als hij probeert te ontsnappen. Ook Wouter wordt soms gewelddadig met Jing. Soms staat hij op hem te springen, een andere keer gooit hij een grote steen zijn kant op die maar net door Jimmy afgeweerd kan worden. Als degene die Jing heeft hem terug komt brengen naar Jimmy, duwt Jimmy ze zonder pardon weg. Uiteindelijk komt Jing toch bij Jimmy of Krom terecht, meestal op eigen initiatief. Dan begint het hele verhaal weer opnieuw.

Het gekrijs van Jing domineerde dagenlang de kolonie. Behalve zijn protesten is ook regelmatig klagen, zeuren en krijsen van Jimmy te horen. Dat gebeurt op momenten dat ze Jing kwijt wil aan Krom, terwijl die daar niet op ingaat en Jimmy ontloopt. Op een dag ging dat zo ver dat Jimmy Krom aanviel toen die weigerde Jing over te nemen. Leek het er in het begin nog op dat Jing zich noodgedwongen sneller ontwikkelde dan zijn leeftijdgenoten, daar is nu geen sprake meer van. Terwijl Soko en Asoet ongedwongen rond hun moeder stappen en wat spelen, zie je dat Jing zelden doen. Hij probeert steeds bij zijn moeder terug te komen. Krom was duidelijk zijn tweede keus. Toen Jimmy en Krom eens in een stellage geklommen waren en Jimmy zich Oost-Indisch doof hield voor het gekrijs van Jing, ging Nikkie vlak bij Jing zitten. Toen Jimmy ten slotte Jing kwam halen, gaf Nikkie haar onverwacht een aantal harde klappen, alsof hij haar wilde straffen voor haar gebrek aan zorgzaamheid.

Het was in deze tijd dat Nikkie zich af en toe over Jing ontfermde als die alleen werd achtergelaten. Hij speelde of vlooide wat met hem en droeg hem ook af en toe bij zich aan zijn buik. Elf maanden oud kon Jing – met moeite – omhoogklimmen in een stellage. Op een keer klom hij, alleen gelaten door Krom, rechtstreeks naar Nikkie, die hem bij zich nam. En dat terwijl Nikkie misschien niet eens zijn vader is. De conceptie van Jing heeft plaatsgevonden in de korte tijd dat Luit de baas was in de kolonie. Nikkie kwam toen nauwelijks aan paren toe. Dus misschien is Jing wel een kind van zijn vroegere rivaal. Of, nog waarschijnlijker, van Dandy, die in die tijd maximaal profiteerde van het feit dat tijdens hun machtsstrijd de drie andere mannen vooral oog hadden voor elkaar, en veel minder voor Dandy of voor vruchtbare vrouwen.

Nikkie hoefde zich niet lang om Jing te bekommeren, want Jing maakte een opmerkelijke gedaanteverwisseling door. Vanaf een leeftijd van twaalf maanden speelde en verkende hij net als zijn leeftijdgenootjes. Af en toe was hij nog wel te horen als een van de oudere kinderen ruw met hem omsprong, maar meestal was hij rustig aan het verkennen. Hij zat nog vaak bij anderen dan Jimmy, maar deze ontliep hem niet meer. Jing was nu ook regelmatig bij haar. Een halfjaar later leek er sprake te zijn van een terugval. Het gekrijs van Jing was weer dagelijks te horen. Deze keer werd hij gespeend. Dat was snel, want hij was pas anderhalf. Jimmy speende hem weer een halfjaar vroeger dan Jakie, haar vorige kind. Een aantal maanden later werd ze weer vruchtbaar. Jing leerde voor zichzelf te zorgen.

Amber en Asoet

Gelukkig zijn niet alle moeders zoals Jimmy. Heel anders ging het er bijvoorbeeld aan toe bij Amber en haar zoon Asoet, die ongeveer even oud is als Jing. In dezelfde tijd dat Jing zijn tanden kreeg en Jimmy krijste als hij bij haar dronk en ze hem van zich af duwde, wilde Asoet juist wel eens los van zijn moeder. Hij krijste en worstelde, maar Amber hield hem stevig vast. Ze was altijd heel beschermend voor Asoet. Zo ook toen Asoet, anderhalf jaar oud, aan de rand van de gracht zat te spelen met zijn leeftijdgenootje Soko. Plotseling sprong Spin tussen de beide kinderen in en pakte Soko bij zich. Waarom ze dat deed, was me een raadsel. Misschien was er iets gebeurd tussen de peuters en vond ze het nodig haar kind te beschermen. Amber zat zoals altijd vlak bij en pakte haar kind ook bij zich. De moeders begonnen te ruziën. Amber gleed uit en viel in de gracht. Door de speciale constructie (een flauwe helling met richels voor houvast) kon ze er direct weer uitkomen. Maar Asoet had blijkbaar de greep op zijn moeder verloren. Hij was achtergebleven in de gracht. De hele chimpanseegemeenschap had het onmiddellijk door en stormde naar de rand van de gracht. Net als Amber konden ze niet meer doen dan in het water staren en opgewonden schreeuwen terwijl Asoet verdronk.[4] Ook de menselijke waarnemers moesten machteloos toekijken: we stonden helemaal aan de andere kant van het terrein. Maar zelfs als we in de buurt hadden gestaan, was het moeilijk geweest om onder armbereik van een over zijn toeren geraakte verzameling chimpansees naar een babychimpansee te zoeken in het troebele water van de gracht.

Amber bleef de hele middag op en neer drentelen, verdrietige geluid-

jes uitstotend. Fons en Moniek troostten haar en omhelsden haar herhaaldelijk. Tarzan en Jakie vielen haar juist lastig door zand en stokken
te gooien. Nog dagenlang stond Amber regelmatig op de plaats waar
Asoet verdwenen was in het water te turen. Het leek zo onrechtvaardig
dat juist een beschermende moeder als Amber haar kind verloor, terwijl
een 'laissez-faire'-moeder als Jimmy haar kind kon verwaarlozen zonder
ernstige gevolgen. Ironisch genoeg nam na de dood van Asoet Amber
regelmatig de inmiddels anderhalf jaar oude Jing bij zich. Ze hield hem
een beetje in de gaten en belette hem bijvoorbeeld om de elektrische
bedrading aan te raken. Haar interesse in kinderen verminderde duidelijk niet door het verlies van Asoet, en het wachten was dan ook op het
moment dat ze weer een kind van zichzelf zou hebben.

Asoet bij Amber,
een uur voor zijn dood.

Meestal is er geen mens aanwezig bij de chimpanseegeboorten in Arnhem. De meeste baby's worden 's nachts geboren. Dat maakt voor de chimpansees niet uit: die hebben ons er niet bij nodig. Nog geen enkele keer heeft een geboorte problemen opgeleverd: chimpanseebaby's hebben niet zo'n groot hoofd als mensenbaby's. Tegen de tijd dat een vrouw moet bevallen, wordt ze overdag in één van de nachthokken gezet en gaat ze niet met de rest naar buiten. Zo kan ze op haar gemak een kind krijgen. Toch wilden we natuurlijk allemaal eens graag aanwezig zijn bij de geboorte van een chimpansee. En zo zat ik op een zondag met enkele verzorgsters voor één van de nachthokken, waar Amber in zat. Het leek erop of ze ieder moment kon bevallen: ze perste regelmatig. Toen er na uren nog steeds niets tevoorschijn was gekomen haalden we de dierenarts erbij. Die besloot na overleg met een gynaecoloog om Amber aan een nader onderzoek te onderwerpen, want dit leek voor het eerst een bevalling die niet helemaal soepel verliep. Daarvoor moest Amber worden verdoofd. Dat gebeurde en al snel bleek dat alle drukte voor niets was geweest: Amber was niet eens zwanger. Wat haar er dan wel toe gebracht had persende bewegingen te maken was een raadsel.

Een enkele keer is het wel eens voorgekomen dat een kind toch buiten waar de hele groep bij was, geboren werd. Zola is in november 1979 op het buitenterrein ter wereld gekomen. Pas toen ze al geboren was, kregen de chimpansees (en daardoor ook ik) het in de gaten: Zwart had zich helemaal teruggetrokken en was in alle stilte bevallen. Die stilte was snel voorbij: vrijwel alle groepsleden dromden nieuwsgierig om Zwart heen om de kleine baby goed te bekijken en de volwassen mannen renden keer op keer opgewonden loeiend het terrein rond.

Twee jaar na de dood van Asoet kreeg Amber een andere zoon. Ayo werd 's morgens geboren. Direct na de geboorte at Amber de placenta op. Al snel legde Amber hem actief aan de borst. Buiten, in de groep, was Amber extra voorzichtig met hem, zeker als hij in de buurt van de gracht dreigde te komen. Toen Ayo op de leeftijd kwam waarop kinderen langzamerhand wat verder van moeder weggaan om met anderen te spelen, hield Amber hem vaak tegen. Ze was nog beschermender voor hem dan ze voor zijn verdronken broer was geweest. Dat leidde herhaaldelijk tot ruzie tussen moeder Amber en haar tegenstribbelende zoon als Ayo los van zijn moeder wilde om op verkenning te gaan en te spelen. Zoals de meeste kinderen won Ayo het op de lange duur.

Moeder-kindconflicten

Conflicten tussen moeders en hun kinderen komen vaker voor. Het opvallendst zijn de conflicten na een jaar of vier, vijf. De kinderen worden dan gespeend en ze mogen niet meer bij de moeder drinken. De geschiedenis van Jonas en Jakie laat zien hoe vasthoudend kinderen kunnen zijn om toch hun zin te krijgen. De bioloog Trivers[5] vroeg zich af hoeveel ouderlijke verzorging kinderen krijgen in de vorm van voedsel, warmte, transport en bescherming. Hoelang duurt die verzorging bij verschillende soorten en waar hangt dat vanaf? Het is duidelijk dat het voor een moeder biologisch zinvol is om kinderen een tijdlang te verzorgen. Zonder de ouderlijke hulp zouden de kinderen waarschijnlijk niet overleven. Door hun kinderen te verzorgen, helpen moeders ook hun eigen genen op weg. Na verloop van tijd worden de jongen minder hulpeloos en zijn ze beter in staat om voor zichzelf te zorgen en zelfstandig eten te verzamelen. Naarmate het kind groter wordt, kost het de ouder steeds meer energie het kind te verzorgen. Voor de moeder wordt het dan op een gegeven ogenblik voordeliger dat het kind inderdaad voor zichzelf gaat zorgen. De moeder kan dan investeren in nieuwe kinderen om zo haar voortplantingssucces verder te vergroten. Vanuit het oogpunt van het kind bekeken, is het best makkelijk om nog een tijdlang verzorgd te worden. Dit is geen alles-of-niets-kwestie, want op een gegeven moment is het ook in het genetisch belang van het kind dat moeder aan nieuwe nakomelingen begint. Trivers maakt duidelijk dat er een stadium in de ontwikkeling van kinderen kan zijn waarbij er een verschil is tussen de mate van verzorging die kinderen zouden 'willen' ontvangen en de mate van verzorging die ouders bereid zijn te geven. Dit belangenconflict kan zich ook gedragsmatig in conflicten uiten, zoals bij het spenen. De moeder weigert het kind nog langer te laten drinken en duwt het weg of slaat het zelfs; de kinderen reageren met hartverscheurende krijspartijen.

De seksuele interventies van kinderen bij paringen van de moeder zouden een manier zijn om een nieuwe zwangerschap uit te stellen en daarmee de concurrentie van een broer of zus nog even te voorkomen. Hoewel het de vraag is of dat echt zo is, proberen kinderen op allerlei momenten een investering door hun moeder af te dwingen. Ik herinner me een keer dat Mama aan het vlooien was met Nikkie. Moniek leek jaloers te zijn. Ze graaide naar Mama en vertoonde een klaaglijk gezicht. Ze stak haar hand uit, zomaar naar de grond. Het had geen effect. Moniek liep vervolgens naar Jakie, die in de buurt zat. Ze stak haar hand naar hem uit. Jakie sloeg wat speels in de richting van Monieks hand. Moniek zette het onmiddellijk op een krijsen. En dat had wel effect. Mama hield op met vlooien, Nikkie ging bij haar weg en Mama nam Moniek aan de buik. Moniek bleef daar een tijdje zitten en ging toen met Jakie spelen.

Hoe opvallend de conflicten tussen moeders en kinderen soms ook zijn, het is de vraag of het echt om een 'genetisch' conflict gaat. De al beschreven bescherming die Amber haar zonen bood, leidde ook tot conflicten en worstelpartijen, in dat geval veroorzaakt door een kind dat vindt dat het wel wat minder kan, dat zelfstandiger wil zijn, los van moeder. Misschien zijn de conflicten niet meer dan uitingen van onvermijdelijke aanpassingen die nodig zijn in de afstemming tussen moeder en kind. Een afstemming die steeds moet veranderen als gevolg van veranderende omstandigheden in de loop van de ontwikkeling van het kind.

Tirza (dochter van Tepel).

Hoya (dochter van Henny).

Kinderen geboren in Arnhem 1982- 1985

Ponga (dochter van Puist).

Zaira (dochter van Zwart).

Jerom (zoon van Jimmy).

Ayo (zoon van Amber).

Marka (dochter van Mama).

Gaby (dochter van Gorilla).

Binding

Vroeg of laat komt het moment dat kinderen zelfstandig, zonder verdere hulp van hun moeder, door het leven gaan. De lange opvoedingsperiode en de binding met de moeder lijkt essentieel voor een normale ontwikkeling. Bowlby heeft erop gewezen dat zuigen aan de tepel, vastgrijpen, volgen en zeuren er allemaal toe bijdragen dat kinderen in de buurt van hun moeder blijven.[6] Bevrediging van eerste levensbehoeften speelt daarbij maar een bescheiden rol. De eigen activiteiten van het kind beïnvloeden zijn sociale ontwikkeling sterk. Een kind is niet passief. Het ondergaat niet alleen maar ervaringen, maar is er actief naar op zoek, selecteert sommige ervaringen en negeert andere. Het maakt zijn eigen wereld: wat het kind leert, bepaalt grotendeels het kind zelf. De veiligheid van de binding met de moeder maakt het mogelijk de omgeving te verkennen en ervaringen op te doen.   Een stabiele sociale binding is volgens Bowlby essentieel voor de ontwikkeling van een kind. De geschiedenis van Jing relativeert het belang van de stabiele moederbinding. Ondanks de uiterst onverschillige behandeling die hem ten deel is gevallen, bij mensen zouden we zonder aarzeling van verwaarlozing en kindermishandeling spreken, heeft Jing zich normaal ontwikkeld. René Spijkerman vergeleek het gedrag van kinderen die in Arnhem bij hun moeder opgroeiden met dat van chimpanseekinderen in een laboratorium die kort na de geboorte bij hun moeder waren weggehaald en opgroeiden bij leeftijdgenoten.[7] Hij vond geen duidelijke nadelen van de vroege scheiding van de moeder. De kinderen die opgroeiden met alleen maar leeftijdgenoten, speelden net zo vaak en even 'goed' en gevarieerd als de Arnhemse kinderen en bleken in sociaal opzicht volledig normaal.

Zoals ook de geschiedenis van Jing liet zien, blijken jonge chimpansees in staat te zijn leeftijdgenoten op een behoorlijke manier te gebruiken als vervangers voor een moeder. Dat is misschien ooit de redding voor Nikkie geweest. Hij moet ook al op jonge leeftijd zijn moeder kwijtgeraakt zijn. Samen met andere jonge chimpansees moest hij mensen vermaken. Zonder contacten en spelletjes met leeftijdgenoten had hij waarschijnlijk nooit de machtigste chimpansee van Nederland kunnen worden.

— Maart 1983 —

Nikkie blijft een paar dagen binnen om bij te komen van zijn avontuur en de verdoving. Hij is nog steeds suf als Dandy en Yeroen 's morgens opgewonden langs zijn hok komen. Yeroen voelt aan het luik, hij wil duidelijk naar hem toe. Om te verzoenen, lijkt me. Nikkie negeert hem en Dandy. In de groep is Dandy heel actief. Voortdurend bluft hij en voert hij charges uit naar vrouwen die krijsend voor hem aan de kant gaan. Yeroen lijkt zich niet op zijn gemak te voelen. Op het moment dat Dandy met zowat alle vrouwen in de groep ruzie gemaakt heeft, begaat hij een stommiteit: hij richt zich rechtstreeks tot Yeroen en geeft hem een tik. Dat is het sein voor een algehele tegenaanval en Dandy wordt letterlijk bedolven onder Yeroen en ongeveer alle vrouwen. Omdat in de hal geen ontsnappingsmogelijkheden voorhanden zijn, trek ik het luik open om Dandy een kans te geven aan de overmacht van belagers te ontkomen. Dat lukt hem en strompelend komt hij de tussengang in. Hij heeft wonden aan handen en voeten: een grote teen ligt helemaal open. Het laatste kootje wordt door de dierenarts onder narcose afgezet. Ook Yeroen is gewond, zij het minder ernstig. Dandy heeft kans gezien hem in elke hand en voet een beet te geven, een formidabele prestatie.

's Avonds maakt Yeroen via de tralies van het nachthok uitgebreid contact met Nikkie, die hem nu niet negeert. Een half uur lang wordt er intensief gehijgd, gevlooid, gekust, gepresenteerd, gekrijst en gejankt. Dandy is nog niet ontwaakt uit zijn narcose en maakt de verzoening tussen Nikkie en Yeroen niet mee.

wee partijen staan tegenover elkaar: Moniek (6 jaar) en Soko (2 jaar) aan de ene kant, Roosje (4 jaar) en Zola (4 jaar) aan de andere kant. Moniek is de 'moeder' van Soko en beschermt hem tegen de 'aanvallen' van Roosje en Zola. Ze lijken de grootste lol te hebben. Moniek maakt tussen de aanvallen steeds contact met Soko, neemt hem aan de buik en omarmt hem. Zowel Soko als Moniek vallen veelvuldig uit naar de duidelijk gezamenlijk opererende Roosje en Zola. Ruim vijftien minuten gaat het heel leuk door, totdat het steeds meer uit de hand dreigt te lopen. Er zijn geen spelgezichten meer te zien, en de speelse aanvallen krijgen iets venijnigs. Het spel stopt.

8   SPELENDERWIJS

Spelen

Net als jongen van veel andere diersoorten brengen chimpanseekinderen veel tijd door met spelen. Ze spelen op verschillende manieren. Vaak spelen ze in hun eentje door te rennen, te springen, te rollen, te klimmen en acrobatiek te beoefenen. Bij een gedeelte van de spelletjes die chimpanseekinderen alleen doen hanteren ze voorwerpen, zoals plukjes gras, stokjes, een dode vogel[1]. Ze kunnen alles gebruiken wat toevallig voorhanden is.

Het meest spectaculair zijn de spelletjes die de kinderen met elkaar spelen, al stoeiend of achter elkaar aanrennend. De speelkameraadjes zijn meestal leeftijdgenoten.[2] Soms spelen kinderen ook met volwassenen. Dat is dan meestal hun moeder of een tante[3], of een volwassen man[4]. Kinderen spelen zelden met volwassen vrouwen die niet bij hun eigen familiegroep horen. Sociaal spel beperkt zich vaak tot twee individuen, maar er kunnen er ook meer meedoen, zoals bij het spel van Moniek, Roosje, Zola en Soko.[5]

Bij de spelletjes met elkaar gaat het vaak om schijngevechten, worstelpartijen en achtervolgingen. Soms gaat het om de 'verdediging' van een verhoging in het terrein of touwtrekken om een voorwerp. Spelende kinderen doen vaak hun best om het spel aan de gang te houden. Bij een 'gevecht' om een voorwerp, bijvoorbeeld een band, schuift degene die het voorwerp eerst met veel moeite heeft veroverd het vaak na korte tijd weer uitdagend in de richting van de ander.

Kenmerkend voor spel zijn de overdreven, in eindeloze variaties herhaalde bewegingen. Het lijkt niet ernstig en is schijnbaar nutteloos. De variatie in spel komt voor een deel doordat allerlei gedragingen die normaal in andere situaties voorkomen, ook in speelse situaties gebruikt worden. Onder andere seksueel getinte gedragingen en agressief ogende gedragingen.

Bij sociaal spel komt nog bij dat de ander op een vergelijkbare manier reageert: het spel is wederkerig. Tijdens sociaal spel zijn vaak specifieke signalen te zien.

Spelsignalen

Sociaal spel bij chimpansees wordt gekenmerkt door een bepaalde gezichtsuitdrukking: het spelgezicht. Het spelgezicht is te zien bij het begin van een spel als uitnodiging en ook tijdens het spel om het aan de gang te houden. Ook huppelen is een spelsignaal. Spelsignalen zoals een spelgezicht en huppelen geven aan dat de rest van het gedrag (achtervolgen, slaan) niet ernstig is: het is maar spel. Spelsignalen zijn daarmee een aparte vorm van communicatie: ze zeggen iets over hoe andere gedragingen geïnterpreteerd moeten worden.

Soms geven chimpansees dat zelfs wat extra nadruk. Als een ouder kind met een veel jonger speelt, laat het oudere kind vaak een heel duidelijk, zelfs wat overdreven spelgezicht zien. Zodat toch maar goed duidelijk is dat het om een spelletje gaat. Toen Tarzan een keer met zijn twee jaar oude zusje Tirza aan het spelen was, deed hij erg zijn best om haar duidelijk te maken dat ze niet bang hoefde te zijn. Ze hadden allebei een kant van een grote tak vast, trokken eraan en draaiden om elkaar heen. Ik had de indruk dat Tarzan heel voorzichtig met zijn zusje omsprong, maar voor Tirza was het blijkbaar net iets te snel of te ruw. Opeens rende ze krijsend naar haar moeder. Tarzan, die de hele tijd een prachtig spelgezicht had laten zien, vertoonde zo mogelijk een nog duidelijker spelgezicht. Bovendien lachte hij hoorbaar. Hardop lachen deed Tarzan anders alleen tijdens stevige spelletjes met leeftijdgenoten of oudere groepsgenoten, maar zeker niet als hij met kleinere kinderen speelde. Tarzan was zich blijkbaar bewust van de functie van zijn spelsignalen.

Een enkele keer stak een chimpansees zijn tong naar een ander uit terwijl hij een spelgezicht had. Tarzan (5 jaar) deed het tijdens een spelletje met Wouter twee keer. Fons kwam zoals hij zo vaak deed stampend en met een spelgezicht op Yeroen af, terwijl Nikkie aan het bluffen was tegen Yeroen. Fons was zeven, dus hij wist heel goed wat er aan de hand was en dat Yeroen zich vermoedelijk niet zo op zijn gemak voelde. Dat Fons niet alleen een spelgezicht naar hem trok, maar ook zijn tong uitstak, maakte een spottende indruk.[6]

Tarzan met spelgezicht.

Merkwaardig genoeg is het spelgezicht ook regelmatig te zien als een chimpansee alleen speelt. Zo trekt Moniek vaak een spelgezicht als ze met haar hoofd naar beneden door het gras loopt.[7] In dat geval is het spelgezicht geen sociaal signaal: het geeft 'alleen maar' aan dat ze het lollig lijkt te vinden. Hetzelfde geldt als Tarzan zichzelf een keer hard op zijn hoofd slaat. Zo hard dat het toch pijn zou moeten doen. Hij heeft een spelgezicht, weliswaar met ontblote boventanden.

Een ander geval is het wanneer Tarzan een spelgezicht trekt als Jakie onverwacht de stam waarop hij zit aan het schudden brengt. Jakie kan Tarzans spelgezicht niet eens zien, want Tarzan zit met de rug naar hem toe. Het lijkt erop alsof Tarzan gevoel voor humor heeft.[8]

Het gedrag van Mama bij een andere gelegenheid versterkte dat vermoeden nog. Matthijs Schilder testte weer eens de reacties van de chimpansees op roofdieren. Deze keer had hij een masker in de vorm van een panterkop opgezet. Onzichtbaar voor de apen zat hij weggedoken achter de rand van de gracht. Onverwacht stak hij zijn hoofd met de natuurgetrouwe panterkop naar boven. Zoals verwacht reageerden de chimpansees direct furieus. Blaffend en krijsend kwamen ze aangestormd om met al hun haren overeind stokken en stenen naar het roofdier te gooien. Noodgedwongen dook Matthijs enkele malen weg om de welgemikte projectielen te ontwijken. Voor een maximaal effect kwam hij enkele meters verderop blazend en brullend terug. Toen de intensiteit van de apenreacties verminderd was, ging Matthijs rechtop staan en zette zijn masker af. Het was vals alarm, de apen waren gefopt. Alle chimpanseeogen staarden Matthijs aan. De reactie van Mama was opvallend. Haar gezicht was in een onzekere grijns vertrokken, de tanden ontbloot. Langzaam veranderde de uitdrukking op haar gezicht: de lippen bedekten de tanden weer gedeeltelijk en haar mond ging halfopen staan. Mama lachte! Heel duidelijk en langdurig vertoonde ze de gezichtsuitdrukking die chimpansees laten zien bij hun onderlinge spelletjes, een spelgezicht. Ze kon de grap blijkbaar wel waarderen.[9]

Voor- en nadelen

Spel kost veel energie. Aan spelen kleven ook risico's. Je kunt vallen en je verwonden. Jakie (6 jaar) deed een tijdlang een gevaarlijk spelletje. Hij haalde halsbrekende acrobatische toeren uit aan het uiterste puntje van een lange tak. De tak bevond zich op ruim tien meter boven de grond en stond op afbreken. Elke keer dat Jakie eraan hing, kraakte hij vervaarlijk. In skeletten van apen uit het wild zitten vaak (geheelde) botbreuken, wat aangeeft dat het risico van vallen reëel is. Doordat je tijdens het spelen beter zichtbaar bent en vermoeid raakt, zou een roofdier je makkelijker kunnen grijpen. Door spel kun je ook ruzie krijgen. Met je spelpartner of zijn moeder bijvoorbeeld. Spel kan ook spannend zijn. Soms wordt de spanning wat te veel voor een kind. Bij een achtervolgingsspelletje renden Jakie (5 jaar) en Zola (3 jaar) rond een boom achter elkaar aan. Het ging steeds sneller. Op een gegeven moment werd het Zola blijkbaar te snel en rende ze, krijsend, in een rechte lijn naar Zwart. Jakie had haar met geen vinger aangeraakt. Zwart nam Zola bij zich en legde Zola het zwijgen op door haar hand op Zola's mond te leggen.

Gezien de nadelen die er aan spel kleven, kun je je afvragen waarom dieren eigenlijk spelen. Wat zijn de voordelen? Het gaat tenslotte om kinderen, dus wat zou spel bij kunnen dragen aan hun voortplantingssucces, terwijl de enige beloning voor spel het uitvoeren van het gedrag zelf, of het feit dat een partner op een zelfde manier reageert, lijkt te zijn. Toch kunnen er ook op langere termijn voordelen zijn. In de loop der jaren is spel kandidaat geweest voor zowat elke functie die maar te bedenken valt, maar het meest waarschijnlijk lijkt het dat spel dient om spieren en zintuigen te oefenen. Voor klimmers als chimpansees is het

In de stellage.

van belang dat daarbij het evenwichtsgevoel versterkt wordt en veel spelletjes van chimpanseekinderen hebben dan ook op een of andere manier met evenwicht te maken.[10] Door te spelen met voorwerpen doen chimpansees ervaring op met elementen uit hun omgeving en leren ze hun gedrag af te stemmen op die omgeving. De ervaring in het omgaan met allerlei voorwerpen is belangrijk om later werktuigen te kunnen gebruiken.

Spelregels

Spel met een ander is in principe net zo effectief of effectiever voor het oefenen van spieren en zintuigen als spel alleen.[11] Door met een ander te spelen kun je daarnaast vaardigheden oefenen (achtervolgen, ontwijken, vechten) die je in je eentje niet zo goed zou kunnen oefenen. De belangen van twee spelende dieren zullen zelden exact hetzelfde zijn. Ieder dier heeft zijn eigen behoeften, afhankelijk van geslacht, grootte, ontwikkelingsstadium en ervaring. Een trainingsprogramma 'jagen en vluchten' geschikt voor een juveniel is veel te moeilijk en gevaarlijk voor een kleiner kind, maar zou onvoldoende zijn voor een adolescent.

Wouter en Tarzan (met spelgezicht).

Het ene individu heeft misschien behoefte aan jagen en vluchten, het andere aan worstelen. Als een kind alleen speelt, kan het doen en laten wat het wil: het bepaalt zelf de spelregels. Maar wanneer twee of meer individuen met elkaar willen spelen, kan dat alleen maar lukken als ze het met elkaar eens zijn: eens over het soort spel dat gespeeld gaat worden, over de manier waarop dat gebeurt, over wie er mogen meedoen, over de plaats waar gespeeld wordt, over het moment waarop gespeeld wordt. Een heel jong kind zal bijvoorbeeld alleen willen spelen als het vlak bij zijn eigen moeder in de buurt is.

Een uitnodiging tot spel is tegelijk een aanbod en een vraag. Als het niet lukt samen tot overeenstemming te komen, wordt er gewoon niet gespeeld. Dat kinderen met elkaar van mening kunnen verschillen over spel blijkt uit uitnodigingen voor spel die geweigerd worden, soms zelfs op een agressieve of angstige manier. De weigering om te spelen kan ook tot agressie leiden en de ene spelpartner kan de andere proberen te dwingen door te blijven spelen door hem vast te houden. Spel kan te ruw worden, waarop een van de partners protesteert of probeert weg te komen. Derden, vooral moeders hebben de neiging om in te grijpen

Moniek op de ruggen van Mama en Gorilla.

bij ongelijke spelletjes en vaak voorkomt een moeder dat haar kind met oudere kinderen gaat spelen.

Als de wederzijdse belangen wel overeenkomen, kan er gespeeld worden. Spel is dan een vorm van samenwerking. Beide partners stemmen hun gedrag op elkaar af en staan in voor de veiligheid van de ander. Er zijn spelregels, zodat beide partners baat kunnen hebben bij het spel en hun tactische doelen kunnen bereiken (kunnen 'winnen'). De speciale signalen om het spel te starten en te laten doorgaan, dienen om risico's te verminderen en spelinteracties te stabiliseren. Ze verminderen de kans op verwondingen en misverstanden die tot agressie zouden kunnen leiden.

Tijdens het spel houden individuen zich in. Zelfs bij intensief spel bijten ze zonder door te bijten, trekken ze aan elkaar zonder de haren uit te trekken. Oudere dieren vervullen een onderdanige rol of gebruiken niet hun volledige kracht. De voortgang van het spel kan afhangen van de bereidheid van een sterkere partner zich in te houden. Als een dier zich niet inhoudt, houdt het spel op. Dat vereist een voortdurende on-

Ponga en Soko.

derlinge afstemming, want er zullen best eens verkeerde inschattingen worden gemaakt (hoe hard kun je knauwen?), of er kan bij toeval een tere plek worden geraakt. Regelmatig wordt het spel onderbroken voor pauzes. Tijdens de pauzes is gedrag te zien dat niet past bij agressie, zodat de spelpartners kunnen kalmeren. Na een pauze wisselen de spelers vaak van rol: wie eerst jaagde, wordt nu opgejaagd; wie eerst onder lag, ligt nu boven. Dat houdt het spel wederkerig en symmetrisch. Juist asymmetrische spelletjes hebben de neiging uit de hand te lopen.

Als de stilzwijgende afspraken of spelregels geschonden worden, wordt er geprotesteerd. Meestal is er een volwassene in de buurt om de spelregels te handhaven en de overtreder te bestraffen. Na een tijdje kan dan de onenigheid eventueel worden bijgelegd en kan een nieuwe poging gedaan worden om nu wel volgens de spelregels te spelen.

Soms wordt wel gedacht dat kinderen via het spel onderling een rangorde zouden bepalen en dat spel een vorm van concurrentie zou zijn. Dat kan niet kloppen. Ten eerste is het niet duidelijk waarover dieren

dan zouden concurreren tijdens het spel. Ten tweede zou iedere spelpartner zonder iets te verliezen eenvoudig de concurrentie kunnen ontlopen door niet te spelen. Er zijn met betrekking tot het spel wel belangentegenstellingen tussen dieren.

De manier waarop met de belangentegenstelling wordt omgegaan, zal
afhangen van de verwantschap tussen de betrokkenen, van de mate van
verschil in de respectievelijke belangen en van de sociale omgeving. Belangentegenstellingen kunnen ook gaan over intensiteit, tijd en plaats.
Bijvoorbeeld als je net gegeten hebt en al gespeeld hebt, zal je behoefte
aan spel anders zijn dan als het een tijd geleden is dat je voor het laatst
gespeeld hebt. Ieder dier kan er baat bij hebben zijn moeder in de buurt
te hebben, zodat die zo nodig in kan grijpen als het spel uit de hand
loopt. Individuen moeten dus een compromis met elkaar vinden, en dat
is uitdagend. Het compromis kan van alles zijn. Minder ruw spelen,
niet al je vaardigheden gebruiken, spelen op een tijd, plaats, en manier
die aantrekkelijk is voor de spelpartner, zodat die meer kans heeft om
te 'winnen' en minder kans heeft op onaangename prikkels of pijn.
 Een dier dat uitgenodigd wordt voor een spel, heeft de keuze: niet
spelen, afwisselend spelen aangepast aan ieders behoefte, een tussenop-
lossing of wachten op een geschiktere spelpartner. Vaste spelpartners
maken de keuze gemakkelijker. Voor dergelijke schijnbaar ingewikkelde beslissingen is het nodig dat dieren elkaar individueel herkennen, dat
ze een verschillende beleving bij verschillende soorten spel hebben
(leuk, saai, onaangenaam) en dat ze het verband leggen tussen de beleving en de spelpartner.

Naarmate kinderen ouder worden, raken ze door het spel beter geoe-
fend en hebben ze hun vaardigheden verbeterd. Ze gaan steeds minder
spelen. Voor nog verdere verbeteringen zou het spel steeds echter
moeten worden, en de risico's wegen dan niet meer op tegen de voordelen. Spel tussen volwassenen is dan ook zeldzaam. Tussen volwassen
vrouwen, die als ze van verschillende familiegroepen zijn niet zo'n goede relatie met elkaar hebben, komt het helemaal niet voor. Spel tussen
de volwassen mannen is sporadisch te zien. Als het voorkomt, trekt het
grote belangstelling van de kinderen, maar de mannen hebben alleen
maar aandacht voor elkaar.
 Toen Nikkie en Yeroen een keer met elkaar aan het spelen waren,
ging het er nogal ruig aan toe. De oudste jongens zaten er voortdurend
bovenop, tussenin en naast, en sloegen de mannen keihard op hun rug.

Moniek maakt een zweefduik.

Wouter loeide en groette. Nikkie en Yeroen negeerden de jongens volkomen. Dandy werd nogal ongedurig, loeide en begon zowaar met zijn haren overeind op en neer te zwaaien tegen Nikkie en Yeroen. Ook hem negeerden ze. De relatie tussen Nikkie en Yeroen was in die tijd ontspannen. Bij een andere gelegenheid speelden Nikkie en Dandy met elkaar, ze worstelden en boksten. Beiden vertoonden een duidelijk spelgezicht. Op een gegeven moment begon Dandy plotseling te krijsen, Nikkie ontweek hem en het spel hield op.

Dieren spelen op tijden, op plaatsen en met partners waar ze voordeel van hebben. De voordelen in de vorm van oefening van spieren, zintuigen en vaardigheden kunnen op lange termijn ook leiden tot voordelen in termen van voortplantingssucces. Als het goed is, hebben beide partners er baat bij, en is er een win-winsituatie. Bij eenzijdige, ruwe spelletjes, waarbij de een winst haalt ten koste van een ander, is het de vraag of je nog wel van spel kunt praten.

Moederen

Niet alles wat kinderen met elkaar doen, verdient de naam 'spel'. Oudere kinderen lopen bijvoorbeeld regelmatig rond met veel jongere kinderen, en gedragen zich dan min of meer zoals een moeder dat doet.

Mama en Moniek.

Volwassen, kinderloze vrouwen vervullen een tante-rol voor kleine kinderen. Dergelijke interacties zijn heel anders dan de bovenbeschreven vormen van sociaal spel: ze zijn niet wederkerig, je ziet geen rolwisseling, geen overdreven bewegingen en geen spelsignalen. Zowel jongens als meisjes bleken geïnteresseerd in kleine kinderen, maar kregen meestal weinig kans om iets met die interesse te doen. De moeder van de kinderen schermde de baby's af voor belangstelling van kinderen van andere familiegroepen. Het gemak waarmee Jimmy Jing afstond aan anderen was uitzonderlijk. De meeste moeders in Arnhem hadden maar één kind in de groep (Mama met Moniek, Gorilla met Roosje; Zwart met Zola; Spin met Soko; Amber met Asoet; later Puist met Ponga en Henny met Hoya). Alleen Jimmy en Tepel hadden meerdere kinderen, allemaal zonen (later kreeg Tepel dochter Tirza). Pas vanaf 1983 veranderde dat. Achtereenvolgens kregen Zwart, Gorilla en Mama een dochter en Zola, Roosje en Moniek een zusje. Ook Amber en Jimmy kregen een kind. De omgang van de meisjes met hun kleine zusjes leverde soms zoals verwacht heel wat tedere taferelen op, maar de interesse van de oudere kinderen voor de baby's nam soms opmerkelijke vormen aan.

In november 1983 wordt Zaira geboren. Zola (4 jaar) vind haar zusje vanaf het begin heel interessant en mag er ook aankomen. Zwart haalt Zola er zelfs af en toe liefdevol bij. Trots laat Zwart haar kind aan ons

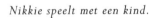

Nikkie speelt met een kind.

Wouter en Zwart.

zien als we voor het hok komen kijken. Al na drie dagen legt Zwart Zaira los in het nachthok neer, waarop Zola haar zusje oppakt en aan de buik neemt. Zwart zit onrustig toe te kijken, maar durft Zaira niet terug te pakken, zelfs niet als Zola omhoogklimt. In de groep is Moniek hevig geïnteresseerd in Zaira en gefrustreerd dat ze er niet aan mag komen. Zwart beschermt Zaira goed. Ook in de groep pakt Zola haar zusje soms bij zich. Ze zorgt er goed voor, maar klimt wel vol risico's in stellages. Bovendien valt Moniek (6 jaar) Zola vaak lastig als die Zaira aan de buik heeft. Als Zaira drie weken oud is, loopt Roosje (4 1/2 jaar) met haar rond, een maand later Moniek ook. Zwart had geen problemen om Zaira weer bij zich te nemen, ook niet als later Jonas haar heeft.

Na de geboorte van andere kinderen in de groep verplaatst de aandacht van Roosje en Moniek zich naar de nieuwe baby's. Zola loopt dan nog af en toe met Zaira rond, maar daar blijft het dan ook bij. Zwart is heel zorgzaam en stimulerend. Als Jing (3 1/2 jaar) de negen maanden oude Zaira aan een armpje rondslingert, geeft Zwart hem een flinke tik. Op een leeftijd van elf maanden oud wordt Zaira een keer door Wouter (10 1/2 jaar) door de lucht gesmeten.

In februari 1984 wordt Ayo geboren. Hij heeft geen ouder broertje of zusje. Amber is heel zuinig op hem. Andere kinderen als Moniek, Zola en Jing hebben wel degelijk belangstelling voor hem, maar pas als Ayo negen maanden oud is mag Zola voor het eerst met hem spelen, los van Amber.

In april 1984 schenkt Mama het leven aan Marka, opnieuw een dochter. Moniek is inmiddels 7 jaar oud. Na ruim een maand is de manier waarop Mama met haar jongste dochter laat sollen onbegrijpelijk. Jonas, Jakie, Moniek, Roosje en Zola lopen er op hun tijd allemaal mee rond. En zelfs als Wouter en Tarzan Zola met Marka aan de buik als trampoline gebruiken, reageert Mama niet. Op een dag hield Mama Marka de hele dag bij zich en Moniek leek aardig gefrustreerd door het feit dat ze Marka niet mocht hebben: ze begon af en toe zomaar te krijsen. Maar over het algemeen kan iedereen met Marka (2 maanden oud) rondsjouwen, zonder dat Mama zich er iets van aantrekt. Ze geeft Marka uit eigen beweging aan anderen en loopt weg voor pogingen haar terug te brengen. Moniek let veel beter op haar zusje, probeert haar van anderen over te nemen en brengt Marka vaak terug naar Mama. De cirkel wordt gesloten als Jing (3 jaar oud en onbeholpen) met Marka rondklungelt. Dat leidde een keer tot een conflict met Tarzan. Hij rukte Marka van Jing af, beet haar en slingerde haar van zich af toen Mama met Moniek aan kwam rennen. Jing maakt er soms een sport van om Marka van Mama af te pakken. Hij weigert dan om haar terug te geven. Als Mama of Moniek Marka terug probeert te krijgen, zorgt hij dat hij

in de buurt van Jimmy of Krom is en Mama en Moniek durven dan niet door te zetten. Jing is echt nog te klein om met zo'n baby rond te lopen. Hij sjouwt, sleept en rommelt maar wat aan. Moniek leert er wel van. Na verloop van tijd handelt ze preventief. Nadat ze een paar keer Marka van Jing had afgepakt en klappen had gekregen van Jonas, Jakie en Krom, ging ze steeds snel bij Mama zitten als Jing naderde. Bij een andere gelegenheid had Jakie Marka gepakt. Moniek ging spelen met Jakie en onder het spelen pakte ze vlug Marka terug. Als Marka vier maanden oud is, gebruiken

Zola speelt met voorwerpen.

Jakie en Moniek haar als trekpop in ruwe spelletjes. Mama reageert er totaal niet op. Moniek haalt soms de raarste stunts met haar zusje uit: schrikdraad testen, op haar slaan als ze begint te krijsen, Marka laten kruipen en klimmen. Toen Moniek weer eens ruw aan het spelen was met een krijsende Marka gooide Dandy al loeiend een steen naar Moniek, die snel krijsend Marka naar Mama ging brengen.

Als Marka een jaar oud is, wordt Moniek (7 jaar) voor het eerst vruchtbaar. Ze heeft een echte, zij het kleine zwelling. Er wordt druk met haar gepaard door de jongens, en zij gaat daar graag op in. Ruim twee jaar later, als ze tien is, heeft Moniek zelf een dochter, waar ze gelukkig wat zorgzamer mee omgaat dan met haar zusje.

Gaby en Gorilla zijn vanaf mei 1984 in de groep. Gaby is dan vier maanden oud. Gorilla draagt Gaby soms wat merkwaardig: op haar hoofd bijvoorbeeld. Gaby is niet gewend zich aan een chimpansee vast te houden en Gorilla doet het best prima met dat rare kind. Alleen in het nachthok laat ze Gaby wel eens liggen. Roosje loopt dan met haar rond. Jing (3 jaar) is er één keer in geslaagd Gaby te bemachtigen. Gorilla kreeg haar niet van hem terug en krijste minutenlang en hysterisch. Dandy blufte tegen Gorilla, waarna zij volledig over haar toeren achter hem aanging. Wouter (10 1/2 jaar) rukte Gaby uit Jings handen en scheerde in een levensgevaarlijke blufvertoning met haar rakelings langs enkele stammen. Gelukkig wist Roosje haar zusje terug te krijgen toen Wouter Gaby liet vallen. Gorilla gaf Gaby daarna niet meer af.

In juni 1984 wordt Jerom geboren, de vierde zoon van Jimmy. In eerste instantie houdt Jimmy Jerom goed bij zich. Na drie weken doet Jing (3 jaar) de eerste poging hem van Jimmy af te troggelen. Een week later lukte het hem voor het eerst. Jimmy probeerde hem herhaaldelijk terug te pakken, maar jammerde vergeefs. Jing weigerde hem terug te geven en het lukte Jimmy pas na lange tijd Jerom weer aan de buik te nemen. Als Jerom een maand oud is, krijgt ze hem pas na lange tijd van Jing terug, terwijl ondertussen Tarzan (7 1/2 jaar) er bijna in geslaagd was Jerom van Jing af te pakken.

Als Jerom twee maanden oud is, drinkt hij bij Krom en loopt Jing steeds vaker met hem rond. Hij behandelt hem bepaald niet zachtzinnig: hij slingert zijn broertje rond, en stampt erop. Wouter (bijna 11 jaar) loert vaak op een kans om Jerom te pakken te krijgen. Jimmy haalt Jerom snel op als ze dat ziet en achtervolgt Wouter krijsend. Ze krijgt daarbij steun van haar andere zonen en van Yeroen.

De manier waarop de oudere kinderen omgaan met de chimpanseebaby's, lijkt in niets op de spelletjes die ze met elkaar spelen. Door te 'moederen' leren ze misschien wel wat, maar met name Moniek en Jing behandelen Marka en Jerom soms als een gebruiksvoorwerp, als een soort levende pop. De agressie van Wouter en Tarzan ten opzichte van de baby's heeft al helemaal niets speels.

Verkennen

Niet alles wat kinderen met elkaar doen is spel. Ook niet alle activiteiten die kinderen in hun eentje verrichten zijn spel. Kinderen zijn vaak verkennend bezig. Ze gaan actief op zoek naar nieuwe prikkels, onderzoeken voorwerpen die nieuw zijn, of een nieuwe omgeving. Ook volwassen dieren verkennen een nieuwe omgeving direct. Hongerige ratten die in een nieuwe omgeving worden neergezet, geven er de voorkeur aan hun omgeving te verkennen voordat ze van het aanwezige voedsel gaan eten. Dat geeft het belang aan van verkenningsgedrag. Exploratie heeft overlevingswaarde in het wild.[12] Het is van belang om de omgeving waarin je leeft goed te kennen. Alleen op die manier ken je mogelijke vluchtwegen en alleen op die manier weet je waar je voedsel kunt vinden. Voor kinderen is er meer te ontdekken dan voor ouderen, daarom zal verkenningsgedrag vooral bij jonge dieren te zien zijn. Spel komt voor in bekende situaties, met bekende voorwerpen en met anderen die je kent. Verkenningsgedrag is juist aan de orde in nieuwe situaties en met nieuwe voorwerpen. Kenmerkend voor verkenningsgedrag is dan ook een zekere voorzichtigheid, waarbij een dier met gespannen spieren iets onderzoekt. Spel daarentegen is ontspannen. Bij spel gaat het niet om onderzoeken, maar om oefenen, om te variëren met iets wat al bekend is.

Chimpanseekinderen zijn actieve onderzoekers. Soms lopen ze daarbij risico's. Moniek (6 jaar) liep tot mijn stomme verbazing op een dag over het randje van een dammetje in de gracht. Het betonnen randje is maar een paar centimeter breed. Links en rechts is water. Als Moniek in het water zou vallen, verdrinkt ze onherroepelijk. Stukje bij beetje schuifelt ze steeds verder. Mama komt eraan en begint te loeien, Yeroen komt bluffend en loeiend aanlopen, Dandy zat er al en omarmt Yeroen. Moniek ontbloot onzeker haar tanden, maakt een klaaglijk geluid en komt terug. In de weken die volgen, maakt Moniek er een gewoonte van om over de betonnen rand van het valletje te lopen, helemaal tot aan de muur aan de overkant van de gracht. Daar draait ze om.

Moniek op dammetje.

Mama blijft er inmiddels rustig onder, ik ben er zelf wat minder gerust op. Ter verhoging van de vreugde gooien Jakie of Fons vaak water naar haar toe, of een stokje. Het gaat gelukkig altijd goed. Geen enkele ander groepslid heeft het haar ooit nagedaan.

Door te exploreren verruilde Moniek het bekende voor het onbekende. Iets wat ze eerst niet kende, kent ze nu wel. Iets wat ze eerst niet kon of durfde, kan en durft ze nu wel. Dat is de enige beloning die ze op dat moment voor haar riskante gedrag krijgt. In het wild zou zo'n extra vaardigheid waarschijnlijk goed van pas komen.

Dandy heeft zijn toevlucht gezocht in de gracht. Rechts steekt Yeroen krijsend zijn hand naar hem uit. Links Nikkie en Krom, in het midden Spin.

Yeroen en Dandy treden sinds de incidenten van afgelopen winter niet meer samen op tegen Nikkie. Nikkie is druk bezig zijn bondgenootschap met Yeroen nieuw leven in te blazen: hij steunt hem volop en vlooit lang en intensief met hem. Yeroen paart ook weer meer dan voorheen met vruchtbare vrouwen. Na een paar rustige maanden begint Dandy toch weer wat actiever te worden.

Regelmatig is te zien hoe Dandy zich langzaam, uitvoerig en overdreven krabt als Nikkie en Yeroen aan het vlooien zijn. Na verloop van tijd staat hij dan op en loopt met ferme tred in de richting van het vlooiende duo. Hij ziet er indrukwekkend uit met al zijn haren overeind, zijn bolle rug en zijn forse, gespierde lichaam. Langzaam zwelt zijn geloei harder aan. Het ene moment stormt hij op de grond stampend en stokken de lucht ingooiend vlak langs de andere twee mannen, dan staat hij weer nadrukkelijk pal voor de neus van Yeroen met zijn bovenlichaam op en neer te zwaaien. In reactie op Dandy's aandrang schuiven Nikkie en Yeroen dichter naar elkaar toe, waarbij vooral Yeroen zenuwachtig zijn tanden ontbloot. Soms maakt Yeroen zich los van Nikkie en nadert hij krijsend Dandy. Heel ambivalent strekt hij zijn arm naar hem uit, nu eens agressief graaiend, dan weer bijna smekend met de handpalm naar boven. Als een paar vrouwen Yeroen te hulp schieten, wijkt Dandy achteruit. Vaak zo ver dat hij tot aan zijn knieën in de gracht staat. Hij is de enige die zo weinig angst voor water heeft. Alleen Spin staat hem bij. Zij stelt zich voortdurend tussen Dandy en zijn belagers op, probeert Yeroen te kalmeren en houdt met grote felheid al te fanatieke vrouwen op afstand.

Nikkie lijkt niet goed te weten wat hij moet doen. Hij loopt mee met Yeroen, krijst in de richting van Dandy, maar doet niks. Soms ligt hij plat op de grond, met twee uitgestoken handen Yeroen aankijkend. Het lijkt op een smeekbede om samen die Dandy op zijn nummer te zetten. Yeroen weigert dat consequent. En zonder Yeroens uitdrukkelijke medewerking durft Nikkie een aanval op Dandy niet meer aan. Na minutenlang gekrijs en geren dooft het conflict langzaam uit om na een tijdje weer op te laaien, vele malen per dag. Ondanks Nikkie's aandringen, ondanks Nikkie's steun aan Yeroen, ondanks het vele vlooien en ondanks het feit dat Yeroen zo vaak mag paren van Nikkie, weigert Yeroen consequent om gezamenlijk tegen Dandy op te treden. Er is een patstelling ontstaan en na een aantal onrustige weken stopt Nikkie met zijn pogingen om Yeroen te lijmen.

e zon schijnt. Nikkie zit rechtop en kijkt rond. Plotseling krijgt hij een steen tussen zijn ogen gegooid. Zo hard dat ik van mijn positie aan de andere kant van de gracht het niet alleen zie, maar ook hoor. Fons, de jonge chimpansee die verantwoordelijk is voor het gooien van de steen, lijkt geschrokken van zijn voltreffer en deinst achteruit. Dat is niet nodig, want Nikkie reageert niet. Tot mijn verbazing knippert hij niet eens met zijn ogen.

9   PESTEN, PLAGEN, PROVOCEREN

Hinderlijk gedrag

Het gebeurt nogal eens dat kinderen andere groepsleden ruw of hinderlijk bejegenen. Merkwaardig genoeg doen ze dat ook ten opzichte van volwassen groepsleden. Kinderen bekogelen volwassen mannen en vrouwen met stokken en stenen, gooien met zand of geven van achteren een klap. Zodra het slachtoffer opspringt, maken de kleintjes dat ze wegkomen om even later weer terug te keren en door te gaan. Een bestraffend pak slaag weerhoudt ze niet van hun acties.

Jonge chimpansees in Afrika vertonen vergelijkbaar gedrag. Peuters tussen 2 en 3 1/2 jaar oud vielen vaak oudere individuen lastig die vreedzaam rustten of vlooiden: de kinderen sprongen bovenop ze, beten of trokken aan hun haar, sloegen ze of trapten naar ze terwijl ze boven ze aan een tak bungelden. Dergelijk gedrag werd onveranderlijk getolereerd – de betrokken volwassene ging of actief met het kind spelen of stak een arm uit en duwde het aan een tak hangende kind op en neer. Oudere chimpanseekinderen provoceerden aanvallen door volwassen vrouwen. De volwassen chimpansees hebben geluk dat ze geen staart hebben, want de apenkinderen van langoeren, meerkatten, java-apen en bavianen vallen hun soortgenoten lastig door ze aan de staart te trekken.

De kinderen plaagden, pestten en provoceerden ondanks het feit dat ze er bij tijd en wijle voor bestraft werden. Waarom pesten de chimpanseekinderen? Is het een spelletje, of zijn ze agressief? Om antwoord op die vragen te krijgen registreerde ik vier jaar lang systematisch de als hinderlijk op te vatten gedragingen van tien chimpanseekinderen.[1] Dat gebeurde onafhankelijk van de reactie die erop volgde. Van tevoren had ik de gedragingen geselecteerd op grond van het feit dat zij vaak te zien waren en tenminste in sommige gevallen door het slachtoffer als hinderlijk beschouwd leken te worden. Het ging om het blufferige gedrag, zwaaien en gooien met voorwerpen, slaan en trappen. Die gedragingen waren uiteraard niet de enige manier waarop een kind een ander groepslid lastig kan vallen. Een jongen kan bijvoorbeeld steeds proberen een baby aan te raken of ruw omspringen met een jonger kind, waarop de moeder dan agressief kan reageren.[2] Een ander voorbeeld is de manier waarop Wouter, nadat hij met behulp van een stronk in een afgeschermde boom geklommen was, treiterig een takje met lekkere bladeren voor de neus van Gorilla zwaaide. Als ze het takje probeerde te pakken, trok hij het gauw weer terug.[3] Het gooien met voorwerpen was duidelijk de favoriete vorm van pesten, naast slaan en trappen. Minder vaak bleef het bij dreigen om te gooien of jeugdig imponeergedrag. Een analyse van de situaties waarin de kinderen pestten, maakte duidelijk dat het gedrag veelal schijnbaar spontaan optrad, zonder zichtbare uitwendige oorzaak. Alle groepsleden werden gepest. Zowel volwassen mannen als vrouwen kwamen aan de beurt, ongeacht hun plaats in de rangorde. Kinderen ontzagen alleen hun eigen moeder en andere leden van hun eigen familiegroepje.[4]

Het bleek dat bijna de helft van alle ruzies tussen volwassenen en kinderen ontstond na een of andere vorm van pesten. Omdat sommige ruzies escaleren doordat ook anderen zich ermee gaan bemoeien, is pesten indirect verantwoordelijk voor een nog groter deel van alle ruzies in de groep. Toch resulteerde maar een klein deel van al het pesten in een ruzie. Gemiddeld voerde een kind een à twee pestacties per uur uit. Ieder kind deed het alleen, de gevallen waarbij meer dan één kind gecoördineerd een ander pestte, waren op de vingers van een hand te tellen. De gebroeders Jonas en Jakie pestten Zwart eens in eendrachtige samenwerking, als een perfect team. De een van achteren, de ander van voren, afwisselend. Later hield de een Zwart bezig, terwijl de ander zich 'ontfermde' over haar dochter Zola, zonder dat Zwart er iets aan kon doen. Wouter, Jonas en Tarzan waren een keer gezamenlijk Gorilla aan het pesten. Wouter zat voor Gorilla en sloeg haar, zachtjes. Op het moment dat Gorilla tekenen van onzekerheid vertoonde, sloeg zowel Jonas als Tarzan haar onverwacht van achteren terwijl Wouter er ook op los sloeg.

Meestal waren de pestacties duidelijke gericht op één individu. Opvallend was dat de kinderen die pestten, dat deden op een manier die de kans op strafmaatregelen verkleinde: ze deden het van een afstandje of van achteren en maakten dat ze wegkwamen. Als ze al bleven staan, stonden ze klaar om weg te springen bij het eerste teken van een tegenactie. Fons had eens een handige manier bedacht om Mama en Tepel te pesten. Bij het naar binnen gaan 's avonds gaf hij de beide vrouwen in de gang voor de hokken een harde klap op hun achterste, net voor ze hun nachthok ingingen. Het luik ging dicht en represailles waren onmogelijk.

De reacties op het pesten verschilden sterk. De volwassen mannen negeerden het meestal, maar de reacties van de vrouwen varieerden van agressie tot angst. Soms waren er pogingen van het slachtoffer om vriendelijk contact te maken met de pestkop: dat leek dan wel wat op kalmeringspogingen en verzoeningspogingen zoals die bij ruzies ook te zien zijn. Sommige vrouwen waren er handig in om de pestende jongeren op andere gedachten te brengen. Op een keer zat Tarzan in de buurt van Zwart te klieren, waarop Zwart met hem begon te spelen en langzamerhand met hem in de richting van Wouter ging, zodat er een spelletje startte tussen Wouter en Tarzan. Zwart ging gauw terug naar haar plaats. Een andere tactiek werd toegepast door Tepel toen Jakie zand naar haar gooide. Tepel ontweek hem en ging Jonas vlooien. Jakie ging gewoon door met zand gooien en dat kwam nu ook op zijn broer terecht. Direct joeg Jonas zijn jongere broer weg en gooide hem een stok achterna. Tepel had een probleem minder.

Bij oppervlakkige beschouwing zou gedacht kunnen worden dat pesten voorkomt uit verveling. Het zou de reactie kunnen zijn van een kind op omstandigheden die het als saai ervaart. Misschien is de dierentuinomgeving minder opwindend dan de natuurlijke omgeving. Oorzaak van het pesten zou dan een gebrek aan prikkels zijn en het pesten zou erop gericht kunnen zijn een einde te maken aan de verveling door andere groepsleden tot activiteit te bewegen. De vraag is dan natuurlijk waarom dat zou moeten via pesten en niet via bijvoorbeeld spel. Het stimulerende effect van agressieve en angstige reacties zou passen bij het idee van verdrijven van verveling. Als pesten een gevolg zou zijn van verveling, zou je verwachten dat pesten vooral gebeurt op momenten dat er weinig te beleven valt. Het tegendeel is het geval. Juist op momenten dat er volop activiteit in de groep was, werd er gepest en veel minder in rustige situaties. En, niet alleen in de dierentuin, maar ook in het wild pesten apenkinderen hun soortgenoten. Die hinderlijke gedragingen van de kinderen passen niet goed bij de bekende gedragscategorieën. Soms lijkt het bijna een spelletje, op andere momenten heeft het meer overeenkomsten met agressie.

Spel

Is pesten een speelse vorm van agressie, vergelijkbaar met een stoeispelletje? Er zouden dan speelse motieven aan ten grondslag liggen en de functie van pesten zou dan vergelijkbaar zijn met de functie van spel: training van spieren, ontwikkeling van vaardigheden. Daarbij is het goed te bedenken dat pesten juist niet met de gezichtsuitdrukking plaatsvindt die gekoppeld is aan spel. Als een kind een spelgezicht vertoont, wordt zijn gedrag niet als 'pesten' betiteld. Een klein deel van het gepest (minder dan 2 procent) mondde uiteindelijk toch uit in een wederzijds spelletje. In een aantal andere gevallen vertoonde een kind dat aan het pesten was, na verloop van tijd wel een spelgezicht. Een eerste indruk zou kunnen zijn dat het kind zijn volwassen doelwit daarmee uitnodigde tot spel. Maar de reactie van het doelwit, bijvoorbeeld angstig krijsen in die gevallen steeds van een volwassen vrouw, gaf aan dat zij de situatie anders beleefde. Fons (6 jaar) blufte een keer tegen Tepel en gooide een steentje in haar richting, waarop Tepel achter hem aan ging. Fons rende naar Mama, ging bij haar zitten en vertoonde toen een spelgezicht tegen Tepel, die agressief gromde. Het spelgezicht van Fons leek in dit geval op ons uitlachen. Ook Wouter zag ik wel eens met een spelgezicht in situaties die *hij* misschien wel leuk vond, maar de ander beslist niet. Zo was hij een keer Jimmy aan het pesten die hem krijsend achtervolgde. Wouter sloeg haar hard en trok een spelgezicht. Jimmy krijste en sloeg terug. Wouter pestte nog vijf minuten door. Bij een andere gelegenheid had Wouter een spelgezicht waarbij ook zijn boventanden te zien waren, wat toch een conflictueuze bijbetekenis aan het geheel geeft. Dat een kind een spelgezicht heeft en houdt, terwijl de ander krijst en duidelijk maakt het niet prettig te vinden wat er gebeurt, maakt op mij een spottende indruk.

Als je goed kijkt, zie je dat pesten niet zoveel op spelen lijkt. Pesten mist de overdreven bewegingen die zo kenmerkend zijn voor spel. De spieren van een kind dat pest, zijn gespannen in plaats van ontspannen. Een pestend kind staat klaar om achteruit te springen bij het eerste te-

Wouter valt Spin lastig. Wouter heeft een spelgezicht met ook zijn boventanden wat ontbloot,
Spin blaft tegen hem en geeft hem een stomp in zijn maag.

ken van een tegenzet. Pesten ziet er doelbewust en ernstig uit en mist
de wederkerige vriendelijkheid die kenmerkend is voor spel. Spel tussen volwassenen en kinderen is daarnaast zeldzaam. Als een kind met
een volwassene speelt, doet het dat met zijn of haar moeder, een andere familielid of een van de volwassen mannen. Pesten naar volwassen
vrouwen gebeurt juist naar die vrouwen die niet tot de eigen familiegroep horen. Het lijkt daarom onwaarschijnlijk dat pesten gezien kan
worden als een vorm van spel of als een wat merkwaardige manier om
een ander voor een spelletje uit te nodigen.

Reactieve agressie

Als pesten geen spel is, is het dan een kinderlijke vorm van agressie, een
reactie op situaties waarin volwassenen ruzie krijgen? Omdat jonge
chimpansees kleiner zijn en minder sterk, moeten ze nu eenmaal wat te-
rughoudender zijn in hun reacties naar volwassen groepsgenoten. Veilig
van een afstand iets gooien levert minder risico op. Ruzies vinden vooral
plaats met groepsleden die niet bij de eigen familiegroep horen. Dat waren ook degenen die gepest werden, dus dat klopt wel met elkaar. Maar
in de meeste gevallen is er geen duidelijke aanleiding voor het pesten aan
te wijzen en gebeurt het 'zomaar', spontaan. Pesten uit frustratie komt
wel eens voor, maar is zeldzaam. Ik herinner me een voorval waarbij
Fons (7 jaar) wilde paren met Mama. Die trok hem op een gegeven moment naar zich toe, maar toen Fons dan begon te paren, duwde ze hem
weer weg. Fons krijste, pakte een steentje en gooide het naar Tepel.

Uit elkaar houden van familiegroepen

Het is opvallend dat kinderen vooral volwassenen pesten die niet bij hun eigen familiegroep horen. Misschien is pesten wel een middel om de familiegroepen bij elkaar uit de buurt te houden. In het wild brengen volwassen vrouwen met hun kinderen een groot deel van de tijd door in een eigen deelgebied binnen het grotere groepsgebied, relatief geïsoleerd van andere volwassen vrouwen. Pesten zou een reactie op 'vreemden' of niet-familieleden kunnen zijn, zodat die op een afstand worden gehouden. Als dat het geval is, zou je verwachten dat pesten vooral plaatsvindt wanneer een aantal leden van het familiegroepje bij elkaar zit en een ander nadert. Door zand en stokken te gooien zou het kind de buitenstaander kunnen verdrijven of ontmoedigen. Zo maakte Moniek (6 jaar) er een tijdlang een sport van om op regenachtige momenten allerlei dieren te verdrijven van de droge plaats onder een boom waar zij altijd met Mama zat. Ze werd daarbij geholpen door de aanwezigheid en de actieve steun van Mama, Yeroen of Nikkie. Pesten om familiegroepen uit elkaar te houden komt voor, maar het is zeldzaam. Het zou ook moeilijk zijn om te verklaren waarom juist de kinderen, en niet hun moeder, buitenstaanders weren.

Plaats in de rangorde

Pesten gebeurt vaak zonder duidelijke aanleiding, spontaan en is vooral gericht tegen volwassen leden buiten de eigen familiegroep. Is pesten voor de kinderen misschien een middel om hoger in de rangorde te komen? Bij verschillende apensoorten komen kinderen, dankzij de steun van hun moeder, in rang vlak onder hun moeder. Als pesten erop gericht zou zijn een van de moeder afhankelijke rang te verwerven, zou de oorzaak ervan gelegen zijn in een neiging om anderen te domineren. In dat geval zou je verwachten dat pesten vooral gericht zou zijn tegen individuen die lager in rang zijn dan de eigen moeder (of eventueel lager in rang dan een hooggeplaatste 'tante'). Dat was niet zo: bijna 40 procent van al het pesten was gericht tegen een individu dat hoger in rang was dan de eigen moeder en tante. Chimpanseekinderen maken bovendien nog geen deel uit van de rangorde. Voorzover ze dat doen, zijn ze duidelijk ondergeschikt aan de volwassen mannen. Toch pesten ze die ook. Onderdanigheidsbetuigingen tussen kinderen en volwassen vrouwen komen niet voor.

Jakie met een stokje,
klaar voor het volge
slachtoffer.

Verkenning

Pesten zou bij kinderen ook veroorzaakt kunnen worden door de neiging om de omgeving te verkennen. Door de sociale omgeving, de andere groepsleden, te verkennen zouden ze kunnen leren tot hoever ze kunnen gaan. Ze achterhalen wie anderen werkelijk zijn en hoe ze reageren. Zo leren ze hun grenzen ten opzichte van anderen kennen en mogelijkerwijs verleggen. De onmiddellijke bevrediging van het pesten zou dan gelegen zijn in het feit dat de ander ook daadwerkelijk reageert.

Zo gezien is pesten een manier om informatie te verwerven en wordt het ook begrijpelijk waarom het schijnbaar spontaan optreedt, dat het vooral gericht is op individuen die niet bij de eigen familiegroep horen en dat agressieve en angstige reacties stimulerend werken, maar niet reageren of vriendelijk reageren juist niet. Een bestraffing zo nu en dan schrikt de kinderen duidelijk niet af in hun zoektocht naar meer informatie, maar ze willen toch niet te veel risico te lopen en blijven op een afstandje, springen snel weer weg of benaderen hun slachtoffers van achteren. Zolang kinderen groeien en veranderen, is er steeds de behoefte aan informatie over waar ze staan en wat hun grenzen zijn. Ook moeten ze hun gedrag aanpassen aan opgedane ervaringen. Er bestaan uiteraard verschillen tussen kinderen op verschillende leeftijden en in verschillende ontwikkelingsstadia met betrekking tot sociale ervaring en sociale handigheid. Ze moeten een balans vinden tussen de reacties uitlokken en ongeschonden blijven. Dat maakt ook meteen duidelijk waarom 'verveling' een te simpele verklaring is. Verveling zou misschien een factor kunnen zijn bij het pesten door jonge en onervaren kinderen. De reacties als gevolg van het pesten uit verveling leiden onherroepelijk tot bepaalde 'verwachtingen' over de reactie bij een volgende gelegenheid. Dergelijke verwachtingen geven richting aan volgende pestacties.

Hoewel pesten overeenkomsten heeft met imponeergedrag, spel en agressie, kan het beste gezien worden als een vorm van sociaal verkenningsgedrag, een vorm van verkennend agressief gedrag die misschien wel karakteristiek is voor kinderen om te leren over sociale grenzen. Pesten is te vergelijken met het onderzoeken of verkennen van de fysieke omgeving waarin dieren leven. Het is overigens opvallend dat chimpanseekinderen vreemde of schrikaanjagende objecten zoals schrikdraad, een schildpad, vreemde mensen op een manier bejegenen die lijkt op pesten. Ze gooien met een stok of met zand, bluffen, trekken zich meteen terug en kijken ingespannen hoe het vreemde object reageert.

Onvoorspelbaarheid

Als pesten inderdaad een vorm van verkenningsgedrag zou zijn, zou je verwachten dat het vooral voorkomt in relaties waar sprake is van iets nieuws, iets ingewikkelds, iets onvoorspelbaars. Op het eerste gezicht lijkt dat niet zo te zijn. De chimpanseekinderen pesten hun groepsleden. Ze zijn zelf in de groep geboren, dus de andere groepsleden zijn niet nieuw voor hen. Toch kan er in de manier waarop anderen op je reageren iets onvoorspelbaars zitten, waardoor je niet precies weet waar je aan toe bent. Ik verwachtte dat vooral die groepsleden gepest

Jakie gooit zand naar Yeroen.

worden die onvoorspelbaar reageren op het gepest van de kinderen. Voor iedere combinatie van kind en volwassene ging ik na hoe vaak het kind pestte en hoe voorspelbaar of onvoorspelbaar de volwassene daarop reageerde.

Het is belangrijk om te beseffen dat die (on)voorspelbaarheid geen eigenschap is van een individu. Het hoeft niet zo te zijn dat de ene volwassene altijd onvoorspelbaar reageert, terwijl een andere altijd voorspelbaar reageert. Dat kan per volwassene en van kind tot kind verschillen. Andersom bleek het ook niet zo te zijn dat sommige kinderen altijd voorspelbare reacties opriepen en andere heel onvoorspelbare. De (on)voorspelbaarheid van reacties is dus een aspect van de specifieke relatie tussen twee individuen.

Er is een duidelijk verband tussen de mate van onvoorspelbaarheid (gemeten aan de reacties op pesten) in een relatie en de mate waarin een volwassen vrouw gepest wordt. De samenhang blijkt verbluffend sterk te zijn. Opvallend genoeg is het verband veel minder sterk bij het

Jonas gooit een stok naar Tepel.

pesten van volwassen mannen door jongens. Volwassen mannen worden vaak gepest. Hun reacties zijn voorspelbaar: ze negeren het pesten meestal. Dat wijst erop dat er bij het pesten van de volwassen mannen iets anders aan de hand is.

Er bestaan twee soorten van pesten: de ene gericht op het verminderen van onzekerheid, de andere op het onderzoeken van gezag. In het eerste geval is de onvoorspelbaarheid van reacties de oorzaak, in het tweede geval de hoge rang van een volwassen man. Die oorzakelijke factoren verklaren waardoor kinderen zo vaak pesten zonder dat er aanleiding voor lijkt te zijn om een ander lastig te vallen. Er *is* meestal geen directe aanleiding, of alleen een triviale. De beide vormen van pesten zien er hetzelfde uit, maar hebben verschillende functies. Bij beide vormen beweegt het kind tussen naderen en terugtrekken: het doet iets hinderlijks of vervelends en trekt zich tegelijkertijd terug. Pesten heeft een zichzelf versterkend effect: het uit zich in 'buien' en naarmate de buien langer duren komen de kinderen sneller terug om opnieuw te gaan pesten. Er zijn ook verschillen tussen de twee vormen van pesten.

Verminderen van onzekerheid

Bij pesten van volwassen vrouwen door jongens en meisjes was er een sterk verband met de reacties: vooral vrouwen die wisselend reageerden, werden veel gepest. Ging een vrouw na verloop van tijd minder wisselend reageren op een bepaald kind, dan werd ze ook minder vaak gepest door dat kind. Vrouwen die onvoorspelbaarder gingen reageren, werden juist vaker gepest. Het waren vooral de relaties waarin veel gepest werd, waar de voorspelbaarheid van reacties na verloop van tijd toenam. Dat is een aanwijzing dat het pestgedrag inderdaad de oorzaak van de verandering in voorspelbaarheid was. In de loop van de ontwikkeling van de kinderen traden er geen veranderingen op in dit verband tussen pesten en de voorspelbaarheid van reacties.

Terwijl de onvoorspelbaarheid van de reacties vooral de hoeveelheid pesten in een bepaalde relatie verklaarde, bepaalde de aard van de reactie het verloop van de interacties. Agressieve reacties werkten sterk stimulerend voor de pesters, zowel op korte als op langere termijn. Angstige reacties waren stimulerend op korte termijn (de kinderen gingen vaak door met pesten), maar juist niet op wat langere termijn (ze gingen niet lang door). Vriendelijke reacties waarbij een volwassen vrouw contact maakte met het pestende kind, werkten juist niet stimulerend. De kinderen stopten dan meestal snel. Consequent negeren was ook duidelijk niet erg stimulerend. De kinderen stopten snel en kwamen niet zo vlug terug.

Zowel jongens als meisjes verminderden onzekerheid door volwassen vrouwen te pesten. Vrouwen die onvoorspelbaar op een kind reageren, worden vaak door dat kind gepest: de relatie is 'onzeker'. De functie van het pesten is het verminderen van onzekerheid. Het kind wil weten wat het kan verwachten. Het wil de reactie van het slachtoffer kunnen voorspellen. Voorspelbaarheid is een belangrijk element in het leven van dieren. Nog een stap verder gaat controleerbaarheid. De effecten van de diverse reacties suggereren dat de mogelijkheid voor kinderen om de reacties van hun slachtoffers te controleren ook een rol kan spelen. Agressieve reacties maken duidelijk dat de kinderen het gedrag van het doelwit niet kunnen controleren, en ze gaan dan ook door. Het is overigens niet zo dat vrouwen die vaak agressief reageren ook onvoorspelbaar reageren. Angstige reacties zijn een aanwijzing dat de kinderen tot op zekere hoogte in staat zijn het gedrag van de betreffende vrouw te controleren. Het stimulerende effect van angstige reacties werkt maar kort. De controle is bereikt, het heeft geen zin nog langer door te gaan. Het bereiken van die controle kan een rol spelen bij het pesten. Geen hoofdrol, want door de manier waarop de kinderen pesten is echte controle een illusie. Als je iemand wil controleren of iets wil afdwingen, bereik je dat niet door zelf hard weg te rennen.

Onderzoeken van gezag

In het pesten dat was gericht tegen volwassen mannen, waren veel elementen uit imponeergedrag herkenbaar, maar dan zonder de recht overeind staande haren. Voor het overige zag het er niet anders uit dan het pestgedrag naar volwassen vrouwen. Alleens jongen pesten om gezag te exploreren. De mannen reageerden veel voorspelbaarder op het gepest dan de vrouwen, en er was geen duidelijk verband tussen de voorspelbaarheid van mannelijke reacties en de hoeveelheid pesten tegen mannen. In meer dan 70 procent van de gevallen negeerden de mannen het hinderlijk gedrag van de kinderen, slechts zelden reageerden ze agressief en helemaal nooit angstig. De verschillende reacties hadden geen zichtbare gevolgen voor het verdere verloop van de interacties. Ondanks dat alles waren pestende kinderen angstiger voor de mannen dan voor de vrouwen. De jonkies leken ten prooi aan een conflict tussen aantrekking en angst. Het maakte een heel tweeslachtige indruk.

Vooral Nikkie werd als doelwit gekozen door de kinderen. Een favoriete manier was om hem een klap op zijn achterste te geven, als hij zich net had opgeladen voor een imponeervertoning en vanuit stilstand aan een ren begon. De kinderen stoven ook vaak op de mannen af als die met elkaar aan het spelen waren, of als die zich met elkaar verzoenden na een ruzie. De reacties van kinderen op verzoeningen tussen de mannen zijn soms spectaculair. Ik heb herhaaldelijk gezien hoe kleinere kinderen zich boven op Yeroen en Nikkie stortten die zich in een innige omarming krijsend verzoenden terwijl de jongens loeiend naderbij kwamen en zich ertussen wrongen. De manier waarop de kinderen dat doen, lijkt op de manier waarop ze zich met de paringen van volwassen mannen bemoeien. De seksuele interventies van de kinderen kunnen dan ook het best gezien worden als een vorm van sociaal verkenningsgedrag, net als de andere vormen van pesten van volwassen mannen.

De functie van het pesten van volwassen mannen is gelegen in het

Yeroen bluft, Jonas zwaait met een stokje naar hem, loeit en groet.

vergaren van kennis over gezagsuitoefening. Bij het pesten van de vrouwen ging het om informatie over de relatie tussen het kind en de vrouw. De relatie tussen kinderen en volwassen mannen is veel duidelijker, de reacties van de mannen zijn voorspelbaar. Verminderen van onzekerheid ten opzichte van de volwassen mannen is daarom veel minder van belang. Het is moeilijk in te schatten wat het belang van de zeldzaam voorkomende agressieve reacties is. Want het is natuurlijk onvoorspelbaar *wanneer* de mannen agressief reageren. Controle over het gedrag van de volwassen mannen is al helemaal niet aan de orde: er is geen schijn van kans dat kinderen het gedrag van volwassen mannen zouden kunnen controleren.

Leren

De omgeving van een dier wordt niet alleen gevormd door het gebied waarin hij leeft, maar ook door de soortgenoten waar hij mee te maken heeft. Pesten is een manier om informatie te verwerven over de sociale omgeving en over sociale relaties. Dat wil niet zeggen dat pesten de enige manier zou zijn waarop kinderen iets leren over hun sociale omgeving. Wel is het daarop gericht, en het is geen neveneffect. Dieren die in groepsverband leven, moeten vanzelfsprekend ook hun sociale omgeving verkennen, net als de fysieke omgeving waarin ze leven. Sociale relaties binnen een groep vormen een ingewikkeld netwerk dat voortdurend aan verandering onderhevig is. Sociaal verkenningsgedrag is daarom niet alleen maar te zien op momenten dat een kind zijn eerste voorzichtige stapjes los van de moeder doet en contact maakt met andere groepsgenoten. De informatie die kinderen opdoen door hun plagerig, hinderlijk gedrag, helpt ze bij het functioneren in hun sociale omgeving, net zoals verkenning van het woongebied helpt bij het optimale gebruik daarvan. Kinderen doen niet alleen maar passief informatie op over hun sociale omgeving door observatie en imitatie. Sociaal leren treedt ook op doordat de kinderen actief verkenningsgedrag uitvoeren en zo geconfronteerd worden met effecten van hun eigen handelen. Voorzover een dergelijke sociale exploratie andere groepsleden nadelig kan beïnvloeden, kan het beschouwd worden als een vorm van agressief gedrag.

Een kenmerk van verkenningsgedrag is de neiging om tegelijkertijd te naderen en terug te trekken. Bij pesten is dat duidelijk te zien. Verkenning van de fysieke omgeving en spelen met voorwerpen worden vaak op één hoop gegooid en het is verleidelijk om ook sociaal verkenningsgedrag en sociaal spel als één gedragscategorie te zien. Dat zou niet terecht zijn. Weliswaar is spel vaak moeilijk te onderscheiden van andere gedragscategorieën, maar er zijn duidelijke verschillen met sociaal verkenningsgedrag. Tijdens sociaal spel is het karakteristieke spelgezicht te zien, tijdens pesten juist niet. Spel komt juist voor tussen twee dieren waarvan bekend is hoe ze op elkaar reageren. Ook tijdens spel kan geleerd worden (net zoals tijdens iedere andere activiteit), maar er is geen aanwijzing dat spel specifiek gericht is op het leren over sociale relaties. Spel wordt juist gekenmerkt door vriendelijkheid van twee kanten en door spelregels.

De spelregels maken het eenzijdig informatie verzamelen ten koste van de ander moeilijk zonder de regels te overtreden. En zodra de spelregels overtreden worden, stopt het spel. Bij schending van de spelregels is het niet meer terecht om nog langer van spel te spreken. Spel komt vooral voor tussen min of meer gelijkwaardige partners, en vooral tussen kinderen onderling. Chimpanseekinderen pesten elkaar ook wel eens, maar minder vaak dan ze volwassenen pesten. Het pesten door jonge kinderen van oudere kinderen lijkt heel veel op het pesten van volwassenen. Alleen een doelwit van ongeveer dezelfde leeftijd pest wel eens terug. Bij het pesten naar volwassenen komt dat niet voor. Het pesten door oudere kinderen naar kinderen die jonger dan henzelf zijn, lijkt soms meer op het bevestigen van een al bestaande machtsverhouding. De uitkomst is namelijk voorspelbaar: het oudere kind is sterker en het jongste kind reageert angstig en vlucht weg. De oudere kinderen gebruikten vaak een speciale manier om jongere kinderen te pesten, namelijk door ze op te jagen.

Dat jagen zag er heel anders uit dan het jagen in een speels achtervolgingsspelletje, waar overdreven bewegingen, huppelen en een spelgezicht te zien zijn. Als een ouder kind op ze af kwam rennen zonder die signalen, maakten kleine kinderen zich uit de voeten. Ook in dergelijke gevallen hoorde pesten duidelijk tot een andere gedragscategorie dan spel.

Tegelijkertijd is pesten niet helemaal hetzelfde als 'echte' agressie waarvan de kinderen bij andere gelegenheden laten zien dat ze die wel degelijk in zich hebben. Quasi-agressief gedrag is een betere typering voor het hinderlijke en provocerende gedrag van chimpanseekinderen. Nikkie heeft er zich zelf ook aan bezondigd in zijn eerste jaren in de groep in Arnhem. Waarschijnlijk in die tijd heeft hij geleerd om goed te mikken met het gooien van stenen, een vaardigheid die hij nog wel eens gebruikt bij zijn imponeervertoningen.

Nikkie heeft zijn pols bij Dandy in de mond. Jakie, Wouter en Jonas (v.l.n.r.) zijn erbij.

Nikkie en Dandy lopen samen over het eiland. Nikkie loopt langzaam achteruit en heeft zijn tanden ontbloot. Hij heeft zijn pols en een deel van zijn rechterhand tussen Dandy's scherpe tanden gestopt. Minutenlang lopen Nikkie en Dandy, aan elkaar gekoppeld, het terrein rond. Ze doen dat meerdere keren per dag, soms wel drie kwartier lang. Ze maken een gespannen, zenuwachtige indruk. Die indruk wordt nog versterkt doordat de jonge mannen vlak bij Nikkie en Dandy op en neer springen en hen luid loeiend op de rug meppen. Ondanks hun opdringerigheid worden ze volledig genegeerd. Nikkie en Dandy hebben alleen maar aandacht voor elkaar.

Door voorzichtig een vinger of hand bij elkaar in de mond te steken testen chimpansees elkaars stemming. Chimpansees doen dat wel vaker. Alleen iemand die niet agressief gestemd is, zal de vinger in de mond nemen zonder te bijten. Vinger-in-de-mond is dan ook meestal te zien na ruzies en vormt dan de inleiding tot inniger contact. Maar Nikkie en Dandy hebben vandaag geen ruzie met elkaar gehad.

Yeroen zit zich ondertussen ongedurig te krabben, hij loeit zachtjes. Na een tijdje haalt Nikkie zijn vingers uit Dandy's mond, loopt naar Yeroen en omarmt hem. Dat is Dandy blijkbaar te veel: krijsend bijt hij in Nikkie's achterste. Nikkie draait zich bliksemsnel om en bijt Dandy terug. Als er dan ook nog vrouwenhulp voor Nikkie aankomt, gaat Dandy er krijsend vandoor. Tal van vrouwen belagen Dandy en een heftig krijsende Nikkie omarmt Yeroen opnieuw. Die bemoeit zich nadrukkelijk niet met de ruzie. Plotseling rent hij krijsend een boom in, achtervolgd door enkele vrouwen. Nemen de vrouwen het Yeroen kwalijk dat hij zijn oude bondgenoot Nikkie niet helpt en zo een instabiele situatie instandhoudt waar de vrouwen steeds weer slachtoffer van zijn? Het lawaai is oorverdovend: aan alle kanten wordt er gekrijst en geblaft. Gevochten wordt er al lang niet meer. Langzamerhand houdt ook het lawaai op en stopt het geruzie. Aarzelend nadert Nikkie Dandy, hij maakt contact met hem. Nog weer een half uur later volgt een uitgebreidere, maar heel voorzichtige, verzoening waarbij Nikkie Dandy kust en hem omarmt.

Al die jaren als leider heeft Nikkie nooit de steun van de vrouwen gekregen. Nu heeft hij langzamerhand die steun wel, maar het is de vraag of hij daar veel mee opschiet. Want Yeroen wil hem niet meer steunen. Het is nog niet zover dat Yeroen in plaats daarvan Dandy steunt, maar die tijd lijkt niet ver meer weg te zijn. Ik heb de indruk dat, met de vrouwen erbij, Yeroen Dandy nog niet durft te steunen. Want het is al een paar keer gebeurd dat 's avonds, bij het naar binnen gaan, de mannen ruzie kregen. Op het moment dat de mannen dan even gescheiden waren van de vrouwen, maakte Yeroen wel een keuze. Voor Dandy en tégen Nikkie.

ing (2 jaar) is aan het spelen. Hij draait in het rond, graait met zijn vingers in het zand en gooit het over zich heen. Bij toeval komt er wat zand op Mama terecht, die vlakbij ligt te rusten. Jing heeft niets in de gaten en gaat door met zijn spelletje. Opnieuw komt er wat zand op Mama terecht. Ze maakt een eind aan Jings spelletje door een schep zand naar hem te gooien. Jing krijgt zand in zijn ogen en loopt weg.

Na een tijdje komt hij terug. Hij gooit weer met zand, maar nu doelgericht naar Mama. Haar uitgestoken hand negeert hij.[1]

10   DE ONTWIKKELING VAN QUASI-AGRESSIEF GEDRAG

Ontwikkeling

De aandacht voor de sociale ontwikkeling en het leren bij kinderen is in het verleden meestal gericht geweest op de band tussen een moeder en haar kinderen en interacties tussen kinderen onderling. Andere volwassen groepsleden spelen misschien ook wel een belangrijke rol bij het sociale leerproces van kinderen. Pesten is een deel van het ontwikkelingsproces waarbij kinderen informatie verwerven en iets leren over hun sociale omgeving.

Hoe komt het dat chimpanseekinderen vanaf een jaar of twee volwassenen gaan pesten? Zou het een spontane neiging kunnen zijn om de omgeving te verkennen? Naarmate kinderen ouder worden en steeds minder afhankelijk van hun moeder worden, hebben ze meer sociale contacten. Los van die sociale contacten vertonen chimpanseekinderen allerlei gedragingen, zoals rennen en spelen. Soms reageren anderen daarop, bijvoorbeeld doordat ze last hebben van de drukte. Op zo'n manier kan een kind er bij toeval achter komen dat het ergens de oorzaak van is. Vervolgens zou het kunnen proberen bepaalde reacties bewust op te roepen en meer grip op de omgeving te krijgen.

Die twee benaderingen sluiten elkaar niet uit. Ze vullen elkaar juist aan en zijn niet van elkaar te scheiden, zoals het zand gooien van Jing laat zien. Naarmate kinderen ouder worden, pesten ze doelgerichter en wordt het duidelijk dat het pesten van volwassen mannen en dat van volwassen vrouwen verschillende oorzaken heeft en verschillende functies vervult. Ook de ontwikkeling van deze twee vormen van pesten verschilt van elkaar.[2]

Van voorspelbaarheid naar controleerbaarheid

Kinderen beginnen met het pesten van volwassen vrouwen als ze een jaar of twee zijn. Meestal gooien ze daarbij met voorwerpen. De vrouwen negeren dat meestal of, anders gezegd, tolereren het gedrag. De kinderen, uit naïviteit of omdat ze beseffen dat het onwaarschijnlijk is dat ze afgestraft worden, doen vaak geen moeite om weg te rennen. Als het pesten genegeerd wordt, lijkt dat niet erg stimulerend te zijn voor de kinderen.

Met het ouder worden slagen de kinderen er beter in andere reacties op te roepen. Of wordt er, anders gezegd, minder van hen getolereerd. Ze krijgen vooral vaker dan voorheen te maken met agressieve reacties. Tegelijkertijd vertonen ze de duidelijke neiging om zich terug te trekken. Agressieve reacties blijken erg stimulerend te zijn voor de jonkies: ze gaan vaak door, ze gaan lang door en als ze ophouden duurt het niet zo lang voordat ze weer opnieuw beginnen te pesten.

Door volwassen vrouwen te pesten leren ze over sociale effecten van hun eigen gedrag. Als de reacties van de vrouwen voorspelbaarder worden, hebben de kinderen geleerd onzekerheid te verminderen en met het toenemen van de leeftijd zijn ze daar steeds beter toe in staat. Met het klimmen der jaren worden de kinderen er ook steeds beter in reacties op te roepen bij hun doelwitten. Ze roepen agressie op en blijven desondanks meestal zelf ongeschonden. De ervaringen die de kinderen opdoen als gevolg van hun gepest kunnen van pas komen bij het leven in de groep. Daarnaast helpen de ervaringen later misschien bij het dominant worden over de volwassen vrouwen.

Naarmate jongens dichter bij de puberteit komen, bevat hun pestgedrag steeds meer elementen van volwassen imponeergedrag. In plaats van gericht met stokken en stenen te gooien, gaan ze met hun haren overeind ongericht voorwerpen in het rond gooien en ermee slepen. Vaak zijn de jongeren al een tijdje met een imponeervertoning bezig voordat ze zich specifiek op een doelwit richten. Bij oudere jongens leiden dergelijke imponeervertoningen geregeld tot een rechtstreekse aanval op een vrouw. Anders dan het pesten zien deze aanvallen er serieus uit. De vrouwen reageren vaker angstig en onderdanig op het pesten en de aanvallen van oudere jongens. Die angstige reacties werken op korte termijn heel stimulerend: vaak gaan de jongens door met hun gedrag. Na verloop van tijd stoppen ze dan weer. Steeds minder vaak vertonen de jonge mannen de neiging om zich terug te trekken: ze blijven staan en gaan de confrontatie aan.[3]

Fons is een voorbeeld. Op achtjarige leeftijd blufte hij regelmatig, zonder dat hij zich daarbij specifiek op een ander groepslid richtte. Vaak loeide hij erbij. Pas na een tijd gebluft te hebben, richtte hij zich op een volwassen vrouw. Hij liep recht op haar af en sloeg haar zonder zelf meteen weer weg te springen. Als Fons begon, was hij niet meer te stuiten. Hij ging zeker vijftien tot twintig minuten door en zocht het ene na het andere slachtoffer.

Als de jongens de puberteit bereiken, is het niet langer terecht om hun hinderlijke gedrag nog als plagen en pesten te betitelen. Het gedrag is daarvoor te serieus geworden. Een steeds groter deel van hun initiatieven en provocaties leidt tot conflicten. Het pesten verandert geleidelijk in volwassen aanvals- en imponeergedrag. In dit stadium lijkt het gedrag van de pubers erop gericht om onderdanige begroetingen af te dwingen en zo dominant te worden over de volwassen vrouwen. Dat begint bij jongens zoals Fons vanaf een jaar of acht. Ze richten zich het eerst op de vrouwen die onderaan in rangorde staan. Onderdanige begroetingen vormen de uiterlijke erkenning van het bestaan van een dominantierelatie. Naarmate de jonge mannen succes hebben, verplaatst hun aandacht zich naar vrouwen hoger in de rangorde. Die belagen ze dan net zo lang tot ze hun kwelgeest onderdanig begroeten. Het kan maanden duren voordat het zover is.

Dit eindresultaat van een ontwikkeling wil niet zeggen dat het pestgedrag van alle kinderen van meet af aan al gericht zou zijn op het verwerven van een hogere rang. Dat is zeker niet zo. De ervaringen die kinderen opdoen tijdens hun pestacties zijn mogelijk later wel van voordeel, als ze in de puberteit komen en in rang proberen te stijgen. Maar de eerste onderdanige begroeting van een jongen door een volwassen vrouw vond pas plaats toen die jongen acht en een half jaar oud was en al zeven jaar aan het pesten was geweest. Het pesten door jongere kinderen is niet gericht op het afdwingen van onderdanigheid, maar op het verminderen van onzekerheid en het verhogen van voorspelbaarheid. Het lukt de kinderen niet altijd en niet meteen om de voorspelbaarheid van reacties te verhogen. Oudere kinderen slagen er beter in dan jongere kinderen.

Behalve op het verminderen van onzekerheid lijkt het pestgedrag er ook op gericht te zijn specifieke reacties op te roepen. Het stimulerende effect van agressieve reacties zou de indruk kunnen wekken dat de kinderen juist op die reacties uit zijn. Maar ze zijn vermoedelijk uit op angstige reacties. Die werken in het begin stimulerend, maar gaan vervelen op langere termijn. De kinderen slagen er pas vanaf een jaar of vijf in om angstige reacties op te wekken. Voorzover angstige reacties aangeven dat de kinderen tot op zekere hoogte in staat zijn hun doelwitten te 'controleren', geven agressieve reacties juist aan dat er van 'controle' geen sprake is. Vanaf de puberteit is het pesten specifiek gericht op het bereiken van die 'controle' en uiteindelijk op het bereiken van dominantie. De functie van het pesten verschuift daarmee geleidelijk van verminderen van onzekerheid naar het verkrijgen van controle over anderen en uiteindelijk het vestigen van formele dominantieverhoudingen.

Die ontwikkeling van behoefte aan voorspelbaarheid via controle over anderen naar formele dominantie is duidelijk zichtbaar bij jongens, maar niet bij meisjeschimpansees. Die stoppen op een gegeven moment gewoon met hun pesten en vertonen niet de ontwikkeling die zich bij de jongens zo duidelijk aftekent.

Kinderen pesten vooral volwassen vrouwen die niet bij hun eigen familiegroep horen. Hun relatie met die vrouwen wijzigt zich drastisch als de kinderen opgroeien. Kleine kinderen bemoeien zich niet zoveel met volwassen vrouwen die geen familie zijn. Als ze er iets mee te maken hebben, gaat het meestal om spel. Naarmate de kinderen ouder worden, spelen ze steeds minder vaak met volwassen vrouwen en neemt het aantal onderlinge ruzies toe. De meeste van die ruzies zijn een gevolg van het pesten door de kinderen. Kinderen en vrouwen van verschillende families behandelen elkaar als 'gezamenlijke vijanden' en steunen elkaars tegenstanders tijdens ruzies.

Van onderzoeken van gezag naar onderdanigheid

Vanaf een jaar of twee pesten kinderen ook volwassen mannen. De mannen negeren de kinderen meestal en de reacties van de mannen hebben weinig effect op de kinderen. Iedere keer is het voor het kind spannend of de man misschien toch agressief reageert en het kind achternajaagt. Hoe hoger in rang, des te vaker de volwassen man gepest wordt. Naarmate kinderen ouder worden, reageren ze vaker op de typische, aan macht gekoppelde activiteiten van de volwassen mannen, vooral van Nikkie. Naarmate kinderen ouder worden, is steeds meer van hun pesten van mannen te zien als die bluffen, spelen, verzoenen of paren.

Fons (met haren overeind) belaagt Amber.

Het pesten naar volwassen mannen ontwikkelt zich, in tegenstelling tot dat naar vrouwen, niet tot aanvalsgedrag. Integendeel, het wordt steeds moeilijker het te onderscheiden van opwinding en van onderdanigheidsbetuigingen. De oudere jongens raken de volwassen mannen voorzichtig aan, de haren plat, ondertussen opgewonden loeiend. Vaak gaat het geloei over in onderdanig groeten. De pubers naderen voorzichtig en springen dan zenuwachtig achteruit. Ze blijven op hun hoede. De volwassen mannen negeren het gedrag van de jongere mannen meestal, en dat verandert niet naarmate die ouder worden.

Het verband tussen pesten en de machtsuitoefening van volwassen mannen suggereert dat het gedrag van de kinderen erop gericht is om te leren. Ze leren zo over de aard en uitvoering van dominant gedrag. Pubers zijn gefascineerd door volwassen mannen en alleen al door naar hen te kijken leren ze vermoedelijk veel. Pesten vergemakkelijkt dat leren. Daarnaast worden de jongens direct geconfronteerd met de gevolgen van hun gedrag. De fascinatie van jongens voor volwassen mannen

Jonas (met haren overeind) slaat Gorilla.

begint al ver voor de puberteit en het is opmerkelijk dat de relatie tussen volwassen mannen en kinderen in een aantal opzichten al duidelijke veranderingen vertoont ver voor het begin van de puberteit. De houding van de volwassen mannen ten opzichte van de kinderen verandert vanaf het moment dat deze een jaar of vijf zijn. De volwassen mannen bemoeien zich niet zo vaak met kinderruzies, maar als ze het doen, helpen ze de jongste kinderen. Oudere kinderen hoeven niet meer op steun van de mannen te rekenen: als zij in een ruzie verwikkeld zijn, krijgen ze eerder nog eens extra op hun kop. Desondanks steunen deze oudere kinderen de volwassen mannen wel als die in een ruzie verwikkeld zijn, terwijl ze dat op jongere leeftijd juist niet doen. Vanaf een jaar of zeven zoeken kinderen die ruzie hebben met een ander, vaak contact met een van de volwassen mannen. Dat lijkt merkwaardig, want ze kunnen ervan uitgaan dat die man eerder hun tegenstander helpt dan hen. Hun gedrag wijst erop dat ze de volwassen man niet zozeer om hulp vragen, maar hem vragen zich er niet mee te bemoeien.

Kleine kinderen en volwassen mannen spelen regelmatig met elkaar. Vanaf een jaar of vijf begroeten de kinderen de volwassen mannen onderdanig. Het komt vanaf die leeftijd steeds minder vaak voor dat ze samen spelen en er zijn steeds vaker conflicten tussen de kinderen en volwassen mannen. Vooral als er vruchtbare vrouwen in de groep zijn, hebben de mannen vaak ruzies met jongetjes ouder dan vijf. De mannen nemen het initiatief voor die ruzies die niets te maken hadden met pogingen van de jonge mannen om te paren: ze moeten gewoon uit de buurt blijven. Dit ondanks het feit dat die jonkies van vijf en ouder nog geen vrouw kunnen bevruchten en dus op dat moment geen concurrenten voor de volwassen mannen kunnen zijn. De agressie van de volwassen mannen bereidt de jonkies ongetwijfeld voor op de tijd dat ze wel mededingers zijn geworden. Tegen die tijd zijn ze geconditioneerd zich in te houden.

Niet alleen het quasi-agressieve pesten van jonge chimpanseemannen, ook het agressieve gedrag van volwassen chimpanseemannen heeft vaak een verkennende functie. Vooral via imponeergedrag testen mannen de reacties van anderen. Het onderzoeken van gezag door te pesten kan een voorloper zijn van dergelijk testend en uitdagend gedrag van volwassen mannen. Het feit dat de jonkies het aandurven de grote, machtige en afschrikwekkende mannen lastig te vallen kan ermee te maken hebben dat de mannen al hun aandacht nodig hebben voor elkaar. Ze kunnen het zich eenvoudigweg niet veroorloven zich voortdurend te laten afleiden door de jonkies. De noodgedwongen tolerantie van de volwassen mannen zou ook deels het gevolg kunnen zijn van de invloed die de vrouwen op het groepsleven uitoefenen. Mannen die zich impopulair maken door peuters te mishandelen, verliezen wellicht de steun of medewerking van de moeders van die kinderen op andere momenten.

De ontwikkeling van agressief gedrag

Hoe verhoudt de ontwikkeling in het quasi-agressieve pesten zich tot 'echt' agressief gedrag? We hebben gezien dat er verschillende soorten agressief gedrag zijn, elk met aparte oorzaken en functies. Er zijn verschillende ideeën over de manier waarop agressief gedrag zich ontwikkelt. Soms ligt de nadruk op onmiddellijke, proximate oorzaken voor agressie en op leeraspecten. Andere theorieën benadrukken de aangeboren aspecten van agressief gedrag.[4] Ethologen vragen speciaal aandacht voor de ultimate functie van agressief gedrag. De verschillende opvattingen zijn niet met elkaar in strijd: ze vullen elkaar aan. Bij de ontwikkeling en het opgroeien van individuen en bij de totstandkoming van ieder gedrag spelen zowel de erfelijke eigenschappen van de betrokken dieren als tal van omgevingsfactoren een rol. De tegenstelling tussen 'nature' en 'nurture' is schijn. De invloeden van erfelijkheids- en omgevingsfactoren zijn niet van elkaar te scheiden. Het is dan ook niet zinvol om te praten over erfelijk bepaalde eigenschappen of iets dergelijks; het is wel zinvol om na te gaan of verschillen tussen (gedragingen van) dieren berusten op erfelijke verschillen of op verschillen in de omgeving waarin ze opgroeiden. Iedere eigenschap en ieder gedrag is een gevolg van het samenspel tussen genen en omgevingsinvloeden tijdens de ontwikkeling.

Onderzoek naar de ontwikkeling van agressief gedrag bij apen richt zich vaak op de manier waarop kinderen zich een plaats in de rangorde verwerven, afhankelijk van de positie van de moeder. Het gedrag waarmee ze dat doen, lijkt een voorloper te zijn van de op dominantie gerichte agressie die mannen van diverse apensoorten laten zien. Chimpanseekinderen krijgen niet automatisch een rang net onder die van hun moeder. Bij hen is pesten een voorloper van het op dominantie gerichte gedrag dat in de puberteit ontstaat. Het pesten komt in de loop van die ontwikkeling in dienst te staan van andere doelen.

Aanvankelijk gericht op het verminderen van onzekerheid en het verkrijgen van controle ontwikkelt het zich geleidelijk tot gedrag dat tot doel heeft andere groepsleden te domineren. Net zoals pesten gezien kan worden als sociaal verkenningsgedrag, kan de eveneens spontane, op dominantie gerichte agressie van volwassen individuen verkennend van karakter zijn. De agressie kan erop gericht zijn de bereidheid van een opponent te testen om op een bepaalde manier te reageren en zo de mogelijkheid te onderzoeken hem te onderwerpen. Agressieve reacties worden vaak gezien als een vorm van negatieve conditionering. Het is dan ook interessant dat in tegenspraak daarmee agressieve reacties van de vrouwen de kinderen juist blijken te stimuleren om door te gaan met pesten.

Als chimpanseekinderen in de puberteit komen, volgt de ontwikkeling van jongens en meisjes duidelijk gescheiden wegen. Opvallend was dat zowel jongetjes als meisjes graag met de kleintjes rondliepen die werden geboren. Voor die kleintjes was die interesse niet altijd even plezierig. Zo misbruikte Moniek (7 jaar) haar zusje Marka (5 maanden) om te testen of het schrikdraad het wel deed. Dat was zo. Moniek kreeg

Nikkie en Yeroen omarmen elkaar in een verzoening, Wouter nadert loeiend.

zelf ook een schok en ze heeft het experiment niet meer herhaald. Ook vond Moniek het leuk om haar zusje rond te slingeren. Zelfs gebruikte Moniek Marka wel eens als slagwapen, om zich anderen van het lijf te houden. Het kind protesteerde heftig, maar dat leek Moniek niet te deren. Mama zag het, maar deed er meestal niets aan. Dandy wel: hij liep soms dreigend op Moniek af totdat die haar zusje naar Mama terugbracht. Toen Marka tandjes kreeg en bij Moniek naar tepels zocht om te drinken, bracht Moniek haar uit zichzelf terug naar Mama.

Adolescente en jongvolwassen mannen zijn soms ronduit agressief naar jonge, nog van de moeder afhankelijke soortgenoten. Die agressie is niet te vergelijken met de ruwe spelletjes die ze wel eens met jongere kinderen spelen als ze een kind tijdelijk bij de moeder ontvoeren. Wouter (11 1/2 jaar) slingerde eens een babychimpansee hard rond en verwondde hem zwaar.[5] Jimmy liet Jerom nogal eens aan zijn lot over. De vier en een half jaar oude Jing liep dan regelmatig rond met zijn vijf maanden oude broer. Wouter pakte Jerom een keer van Jing af, sleepte hem bij een enkel over de grond en sloeg hem een paar keer met zijn hoofd tegen een muur en tegen de grond. Na een seconde of tien slaagde Jing erin zijn kleine broer weer terug te pakken, maar een minuut of vijf later greep Wouter Jerom opnieuw. Weer sloeg hij hem tegen de

Nikkie laadt zich op om te bluffen, Fons komt kijken.

muur. Verschillende groepsleden, waaronder Jimmy, reageerden opgewonden en agressief in de richting van Wouter, maar geen van de groepsleden greep in, ondanks pogingen van Jimmy om steun te krijgen. Twee weken later stierf Jerom. Wouter, die in de loop der jaren fors was uitgegroeid, was zelf als driejarige door de toen twaalfjarige Nikkie ook eens hard rondgeslingerd.[6] Ook zijn broer Tarzan mishandelde later (op dertienjarige leeftijd) een aantal kinderen. Metoo, een dochter van Mama beet hij in haar hoofd. Soms leek hij echt op de loer te liggen om een kind van de moeder af te pakken. In geen enkel geval grepen de volwassen mannen, die in een machtsstrijd verwikkeld waren, in. Door dit raadselachtige gedrag zijn in de loop der jaren een aantal kinderen in Arnhem aan hun eind gekomen.

Kindermoord

Bij verschillende diersoorten is waargenomen hoe zuigelingen door volwassen mannen van dezelfde soort gedood werden.[7] Het gedrag is voor het eerst duidelijk beschreven bij langoeren, een Indiase apensoort. Langoeren leven in groepen, waarbij één man met meerdere vrouwen samenleeft. Van tijd tot tijd worden de vrouwen 'overgenomen' door een andere man, die de eerste verjaagt. De nieuwe man doodt dan binnen korte tijd alle zuigelingen in de groep. Inmiddels zijn bij steeds meer soorten gevallen van zuigelingdoden gezien, bijvoorbeeld bij leeuwen en gorilla's. In vrijwel alle gevallen van zuigelingdoden leefden de man en de vrouwen met kinderen niet in dezelfde groep. De man kon dus onmogelijk de vader zijn van de kinderen die hij doodde. Vrouwen van wie de baby's gedood zijn, worden sneller weer vruchtbaar. De nieuw aangekomen man zal daardoor sneller in staat zijn nakomelingen te verwekken en daarmee zijn voortplantingssucces te verhogen. Zijn eigen kinderen zal een man nooit doden, mogelijk door een grote mate van vertrouwdheid met kinderen vanaf de geboorte. Bij gorilla's zou het niet alleen gaan om vertrouwdheid met de kinderen, maar ook om het feit of de man al dan niet met de moeder gepaard heeft. Bij gorilla's is namelijk zuigelingdoden waargenomen door een man die wel deel uitmaakte van de desbetreffende groep, maar van wie nooit was gezien dat hij met de desbetreffende vrouw gepaard had.

De agressieve behandeling door adolescenten van jonge chimpansees in Arnhem past op het eerste gezicht in dat beeld. Tenslotte waren Wouter en Tarzan op het moment van hun agressie allebei op een leeftijd en in een positie dat ze hoogstwaarschijnlijk nog geen vader waren. Hun agressie richtte zich naar kinderen van vrouwen uit een andere familiegroep. Maar van enig verband tussen hun agressie en seksuele behoeften was geen sprake. De agressie van Wouter, Tarzan en andere adolescenten naar de kinderen hing samen met hun positie in de groep. In alle gevallen ging het om mannen van een jaar of twaalf tot dertien. Ze waren actief bezig te klimmen in de hiërarchie, zonder dat hun dominantiepositie al uitgekristalliseerd was. De machtsverhoudingen tussen de volwassen mannen in de groep waren in de tijd dat de kinderen mishandeld werden, niet stabiel. Er was een machtsstrijd aan de gang, en geen van de mannen durfde het aan om in te grijpen. Een belangrijke oorzaak voor de agressie zou kunnen zijn dat de jonge mannen, die op de drempel van sociale volwassenheid stonden, door de rest van de groepsleden en vooral door de vrouwen nog niet als volwassenen werden geaccepteerd.

Herman Rijksen kwam eerder tot eenzelfde conclusie over het doden van zuigelingen door mannelijke mantelbavianen in de dierentuin van Emmen.[8] Door de mishandeling van de kinderen waren ze in staat alle aandacht op zich te richten en controle over het gedrag van de vrouwen te verkrijgen. Het gedrag van Wouter, Tarzan en andere adolescenten die kinderen mishandelden, is misschien ook wel gericht op het verkrijgen van controle over de vrouwen. Het zou daarmee een ver doorgeschoten vorm van het gedrag kunnen zijn dat ooit begonnen is als plagen en pesten.

— Januari 1984 —

De chimps zitten alweer vanaf eind november binnen in de hal. De studenten zijn maanden geleden vertrokken. Ik werk gegevens uit. Plotseling krijsen zowel Yeroen als Nikkie. Als ik ga kijken, zitten ze tegenover elkaar op de stellage. Nikkie krijst afwisselend in de richting van Yeroen en Dandy, die bluffend op de vloer rondstampt. Dandy wordt belaagd door enkele vrouwen. Zowel Yeroen als Nikkie zijn licht gewond aan handen en voeten. Een volwassen vrouw krijst tegen Yeroen, Nikkie wordt voortdurend belaagd door Dandy's vriendin Spin. Dit gaat minutenlang door. Het lawaai in de hal is oorverdovend. Nikkie doet af en toe een poging contact te maken met Yeroen, maar de voortdurende aanvallen van Spin maken dat onmogelijk. Ook een verzoening tussen Dandy en Nikkie mislukt doordat Dandy steeds weer belaagd wordt door een van de vrouwen. Het gekrijs houdt aan, de ruzies worden niet opgelost. Ik besluit het luik open te trekken. Nikkie komt de hal uit. In de tussengang steekt hij door de tralies heen zijn hand naar me uit, alsof hij me wil bedanken.

Met een korte onderbreking in 1980 is Nikkie ruim zes jaar de leider geweest van de Arnhemse chimpanseegemeenschap. Dat leiderschap is hij nu kwijt. Dandy gedraagt zich in de groep als overwinnaar. In de dagen die volgen, maakt Nikkie een voorzichtige, soms ronduit angstige indruk, vooral ten opzichte van Yeroen. Hij bemoeit zich nergens meer mee: niet met bluf tussen Dandy en Yeroen, niet met vlooisessies van Dandy en Yeroen, niet met vrouwenruzies. Nikkie bluft nauwelijks nog en heeft ook nauwelijks nog contact met Dandy of Yeroen. Yeroen en zelfs Dandy bluffen over Nikkie heen. Hun onderdanigheid betuigen ze hem zeker niet meer.

Het lijkt erop alsof Yeroen en Dandy onder elkaar uit gaan maken wie de baas is.

onkere wolken pakken zich samen boven het chimpansee-eiland en de regen klettert naar beneden. Terwijl alle andere groepsleden in elkaar gedoken drogere tijden afwachten, begint Nikkie aan een imponeervertoning. Nadrukkelijk gaat hij van links naar rechts over het terrein, zijn bovenlichaam heen en weer zwaaiend, af en toe met zijn handen op de grond slaand en stokken en stenen om zich heen gooiend. Hij richt zich op niemand in het bijzonder, al stuift een groepje dat beschutting heeft gezocht onder een grote boom, uit elkaar zodra hij nadert. Als er een vliegtuig met veel lawaai overkomt, is hetzelfde te zien. We hebben er een speciale naam voor: 'vliegtuigbluf'. Van chimpansees in het wild is door Jane Goodall wel eens vergelijkbaar gedrag beschreven. Volwassen mannen beginnen bij een heftige tropische regenbui soms aan een langdurige imponeervertoning, waarbij veel met takken gezwaaid en gesleept wordt. Goodall gebruikte er de term 'regendans' voor. Ook het naar beneden stortende water van een waterval is vaak aanleiding voor ritueel machtsvertoon. Het doel van 'regendans' en 'vliegtuigbluf' is onduidelijk. Het is verleidelijk om het te zien als de reactie van een machtsgericht individu op natuurgeweld dat zijn krachten te boven gaat.

11 IN DE SCHADUW VAN DE MENS

Arnhem en Afrika

Jane Goodall doet vanaf 1960 baanbrekende observaties bij de chimpansees van Gombe in Tanzania, Afrika. Iedere chimpansee-onderzoeker heeft veel aan haar pionierswerk te danken. In het boek *In de schaduw van de mens* doet ze verslag van haar leven met de chimpansees.[1] Ik had dat boek gelezen toen ik in 1979 voor het eerst de kans kreeg om chimpansees te observeren in Arnhem. Jaren later stond ik met Jane Goodall aan de rand van de gracht in Arnhem. Het was schitterend weer, en het was net alsof de chimpansees voor deze bijzondere bezoekster alles lieten zien wat ze te bieden hadden. Terwijl we naar de activiteiten van de chimpansees keken, wisselden we ervaringen uit. We spraken over uitgestoken handen, over Nikkie's vlucht over het ijs, over het pesten door de jonge apen, over het vaak gruwelijke lot van chimpansees in onderzoekslaboratoria, over de chimpanseegemeenschap in Gombe en over de verschillen tussen de chimpansees in Arnhem en die in Afrika.

In haar boek *The Chimpanzees of Gombe* bespreekt Goodall de manier waarop de gevangenschap van invloed is op de sociale interacties tussen de chimpansees in Arnhem.[2] Om te beginnen hebben ze veel meer tijd beschikbaar voor sociaal gedrag dan hun wilde soortgenoten. In het Afrikaanse bos kunnen chimpansees het zich niet veroorloven om de hele dag te concurreren met rivalen of relaties met vrienden te verbeteren. Ze zijn veel energie kwijt, vooral in de droge tijd, aan het zoeken naar voedsel. In het wild is het leven altijd onzeker en vaak spannend. Ieder moment van de dag kun je een groepje vijandige en gevaarlijke mannen tegenkomen van een naburige groep. Soms is er een inspannende jacht. Veel van hun geestelijke capaciteiten gebruiken de chimpansees voor het dagelijks leven. In tegenstelling daarmee krijgen de chimpansees in Arnhem eten en een plaats om te overnachten en als ze ziek zijn, is er zelfs een dierenarts beschikbaar. Ze missen de opwinding en de spanning die het patrouilleren langs de grenzen van hun gebied en de jacht met zich meebrengen. Er is geen gevaar. Ze kunnen zich vrijwel volledig wijden aan hun positie in de rangorde en hun relaties met anderen.

Een tweede belangrijk verschil is de stabiliteit van de sociale omgeving. In Afrika zijn individuen relatief vrij om te kiezen met wie ze optrekken. Het aantal individuen waar ze mee optrekken en hun identiteit wisselen voortdurend. In gevangenschap bestaat die keuze niet en hoeven de chimpansees ook geen rekening te houden met de complicaties die gepaard gaan met het komen en gaan van groepsgenoten. Omdat alle groepsleden in Arnhem altijd bij elkaar zijn, kennen ze elkaar heel goed, veel beter dan hun wilde soortgenoten elkaar ooit leren kennen. Dat heeft tot gevolg dat ze elkaars gedrag veel beter kunnen voorspellen. Bondgenoten zijn steeds in de buurt en sociale strategieën waarvoor samenwerking met anderen vereist is, kunnen geperfectioneerd worden.

Misschien, veronderstelt Jane Goodall, maken de omstandigheden van de gevangenschap het zelfs noodzakelijk dat sociale strategieën geperfectioneerd worden. In het wild kan een chimpansee altijd de groep verlaten en op eigen houtje rondtrekken, al dan niet met zelfgekozen gezelschap. Chimpansees in Arnhem hebben die mogelijkheid niet. Ze zijn ook figuurlijk gevangenen: gevangenen van de groep waarvan ze deel uitmaken en waaraan ze niet kunnen ontsnappen. Het is onmogelijk om je met een vruchtbare vrouw volledig te onttrekken aan de rest van de groep om in alle rust met haar te kunnen paren, het is onmogelijk om onder de voortdurende druk van een krachtige rivaal uit te komen. Er zijn geen dreigende confrontaties met mannen uit naburige groepen, die tot een gevoel van (tijdelijke) solidariteit kunnen leiden. In gevangenschap is de noodzaak voor de mannen voor sociale manoeuvres, het onderhouden van nauwe banden met rivalen en het tot stand brengen van verzoeningen na onenigheid veel groter.

Het gedrag van de vrouwen wordt volgens Goodall misschien nog wel meer beïnvloed. Misschien spelen ze in Arnhem een meer actieve rol omdat ze zich niet aan de druk van de mannen kunnen onttrekken. Hun steun voor de man van hun keuze, hun onderlinge solidariteit, hun bemiddeling bij verzoeningen verhoogt de harmonie binnen de groep. Daar hebben ze zelf profijt van. In het wild kunnen de vrouwen die harmonie bereiken door verder te trekken en de mannen aan zichzelf over te laten.

Luxe

Ook Hans Kummer, een Zwitserse etholoog die veel onderzoek heeft gedaan naar mantelbavianen, zowel in Ethiopië als in gevangenschap, wijst erop dat in dierentuinen apen meer tijd en gelegenheid voor sociale interactie hebben. Hij vindt de dierentuinomgeving niet zozeer op een gevangenis lijken, maar meer op een verpleeghuis.[3] Kummer wijst erop dat de erfelijke eigenschappen van dieren niet op een dergelijke situatie zijn afgestemd. Het erfelijk programma is ontstaan in de loop van vele duizenden jaren waarin dieren bang moesten zijn voor roofdieren en hun best moesten doen om aan eten te komen. De manier waarop ze zich gedragen, heeft gevolgen voor de mate waarin ze erin slagen eten te vinden, voortplantingspartners te vinden en roofdieren te ontlopen. Hij wijst met nadruk op het feit dat de keuzen die dieren maken, afhangen van hun 'beloningssysteem' en gericht zijn op de bevrediging van hun directe behoeften op grond van wat ze prettig vinden. Het beloningssysteem omvat de proximate factoren. Dieren maken niet rechtstreeks keuzen voor voortplantingssucces. Onder natuurlijke omstandigheden vallen proximate en ultimate gevolgen meestal samen, maar in afwijkende omstandigheden hoeft dat niet zo te zijn. In een dierentuin hebben de dieren meer vrije tijd en meer vrije energie dan de soort in de loop van de evolutie ooit heeft gehad. Het erfelijk programma kan niet in korte tijd aangepast raken aan een nieuwe situatie waarin de dieren als in een verpleeghuis verzorgd worden. Als we nieuw gedrag zien, dat in de natuur niet of niet in die vorm voorkomt, is het toeval als het aan de nieuwe omgeving aangepast is.

De luxe van volledige verzorging maakt het mogelijk dat individuen zich als het ware losmaken van hun erfelijk programma. Het gevolg van die luxe is volgens Kummer dat de dieren gaan 'spelen' met beloningen op korte termijn. Ze hebben meer interesse voor elkaar, er is meer seks, meer vlooien en meer sociaal spel. De gedragingen ontwikkelen een eigen dynamiek, los van overlevingswaarde en voortplantingssucces. Dieren hebben meer vrijheid in de keuze hoeveel inspanning, spanning, onzekerheid, veiligheid en geruststelling ze willen ervaren. Dieren kunnen leren directe behoeftebevrediging op diverse terreinen zo groot mogelijk te maken. Ze kunnen beloningen nastreven zonder dat er nog een relatie is met overleving en voortplantingssucces.

Het luxeleventje van verzorgde apen heeft volgens Kummer twee kanten. Aan de ene kant is er een opbloei van sociaal leven, van verkenningsgedrag en van de kans dat er iets nieuws wordt uitgevonden. Aan de andere kant bestaat het gevaar dat in een vreemde omgeving het geëvolueerde gedrag niet meer aangepast is aan overleving en voortplantingssucces. Kindermishandeling door adolescenten zou een voorbeeld van maladaptief gedrag kunnen zijn. Maar misschien weten we, ondanks alle onderzoeken in het wild, gewoon nog niet genoeg van de problemen waar chimpansees in Afrika voor staan en van de oplossingen die ze daarvoor kunnen vinden. Misschien zijn de verschillen die we zien tussen Arnhem en Afrika niet meer dan de culturele verschillen zoals die tussen verschillende chimpanseegemeenschappen in het wild ook bestaan. Een uiting van de mogelijkheden van flexibele chimpansees om zich aan te passen aan een nieuwe omgeving.[4]

Natuurlijke selectie

Door naar de chimpansees te kijken krijgen we, met beperkingen, een beeld van onze gemeenschappelijke voorouders. Als we verder dan vijf miljoen jaar terug in de tijd zouden gaan, zouden we nog een hele serie andere voorouders tegenkomen. Gemeenschappelijk kenmerk van al die voorouders is dat ze zijn blijven leven totdat ze zich voortgeplant hadden, en dat ze nakomelingen gekregen hebben die geëvolueerd zijn tot de levende wezens die we nu kennen. Nog verder terug liggen de oorsprong van het leven, van de aarde en van het heelal.

Onze tijd begon tien tot twintig miljard jaar geleden toen een oneindig klein heelal met een oneindig grote dichtheid in een enorme explosie uit elkaar barstte. Met die oerknal ontstond het heelal zoals wij dat kennen, voorzover we het kennen. Minder dan vijf miljard jaar geleden ontstond de aarde, heet en nog zonder atmosfeer. Geleidelijk koelde de aarde af en ontstond er een atmosfeer, aanvankelijk zonder zuurstof. Water vormde zeeën. In die zeeën ontstond zo'n drie- tot vierduizend miljoen jaar geleden organische materie. De organische materie verdichtte zich plaatselijk in de oersoep tot concentraties die zich onder invloed van energie tot grotere moleculen verenigden.

Op een gegeven moment heeft zich bij toeval een molecuul gevormd dat de buitengewone eigenschap bezat dat het zichzelf kon kopiëren.[5] Kopieën leiden weer tot nieuwe kopieën. Bij ieder kopieerproces worden fouten gemaakt, zodat er na verloop van tijd verschillende varianten in de oersoep aanwezig zullen zijn geweest. Sommige van die varianten waren wellicht stabieler dan andere, of kopieerden zich sneller of betrouwbaarder. Er kan geen oneindig aantal replicatoren (zoals Richard Dawkins ze heeft genoemd) aanwezig zijn. De meest stabiele replicatoren zullen in de loop der tijd in grotere aantallen aanwezig zijn geweest dan minder stabiele. Er ontstond als vanzelf een 'strijd' tussen de verschillende varianten. De replicatoren gingen 'overlevingsapparaten' bouwen. Naarmate er meer rivalen kwamen met meer doelmatige overlevingsapparaten werden deze groter en ingewikkelder. De overlevingsapparaten zijn de levende wezens gaan vormen die in de loop der tijden de aarde en de zeeën hebben bevolkt en nog bevolken. Apen en andere zoogdieren zijn geëvolueerd uit meercellige 'overlevingsapparaten' die voet aan land zetten. De replicatoren zijn het erfelijk materiaal: de DNA-moleculen die chromosomen vormen en van generatie op generatie worden doorgegeven. Het merendeel van de in de loop van de evolutie ontstane levensvormen of 'overlevingsapparaten' is al lang uitgestorven, maar de replicatoren zijn gebleven.

Sinds Charles Darwin in 1859 zijn beroemde boek *The Origin of Species* schreef, weten we zeker dat al die verschillende soorten uit elkaar zijn ontstaan. Er is een evolutieproces geweest.[6] Sinds Darwin hebben we ook een krachtige hypothese over de manier waarop het evolutieproces werkt, namelijk door middel van natuurlijke selectie. In iedere populatie van zich voortplantende individuen zullen er tussen de nakomelingen erfelijke verschillen bestaan. Verreweg de meeste nakomelingen slagen er niet in zich voort te planten. Alleen de erfelijke eigenschappen van de individuen die daar wel in slagen, worden doorgegeven aan de volgende generatie. De natuur selecteert als het ware de genen van individuen die beter aangepast zijn dan anderen. Individuen die beter aangepast zijn dan anderen, hebben meer kans zich voort te planten en hun genen door te geven aan de volgende generatie.

Via het proces van natuurlijke selectie zijn alle levensvormen zoals we die kennen ontstaan. De 'selectie' van de natuur is blind en afhankelijk van toevallige omstandigheden. Zo heeft de inslag van een grote meteoriet 65 miljoen jaar geleden ertoe geleid dat de meeste van de toen op aarde levende grote reptielen uitstierven en zoogdieren de ruimte kregen om zich te ontwikkelen. Er moeten vele toevalligheden geweest zijn in de vele miljoenen jaren dat het leven zich ontwikkeld heeft. Voor hetzelfde geld waren er nooit chimpansees of mensen ontstaan.

Het is verleidelijk om je af te vragen of het proces van natuurlijke selectie alleen op aarde werkzaam is geweest. Als je niet alleen ver in de tijd zou kunnen reizen, maar ook ver in de ruimte, zou je dan op andere planeten nog meer Nikkies kunnen vinden? Zou er ergens in het heelal nog meer intelligent leven zijn? Er wordt veel geld uitgegeven aan een speurtocht naar buitenaards leven. Maar ik denk dat de kans dat we ooit in contact komen met intelligente wezens buiten onze aarde buitengewoon klein is. Er is niets vanzelfsprekends aan het ontstaan van intelligent leven, waar dan ook in het heelal. Als er ergens ver weg in het heelal ook leven ontstaan is, is het nog maar zeer de vraag of het proces van natuurlijke selectie ook daar tot intelligent leven geleid heeft.

En mochten er wel buitenaardse intelligente wezens bestaan, dan kunnen we het maar beter uit ons hoofd laten om met ze in contact te komen. Wat zou er gebeuren als we ooit wel in contact zouden komen met intelligent buitenaards leven? Als mensen voor het eerst in contact komen met andere beschavingen, zien we kolonisatie, uitbuiting en genocide. De twee intelligente maar technisch minder geavanceerde soorten die we wel kennen: de bonobo en de chimpansee hebben we geschoten en opgezet. We hebben ze opengesneden, hun handen als trofeeën afgehakt, hen in kooien gestopt, medische experimenten op hen uitgevoerd en hun habitat vernietigd. Waarom zouden buitenaardse wezens die technisch verder gevorderd zijn dan wijzelf, ons niet op eenzelfde manier behandelen? Het uitzenden van radiosignalen de ruimte in om de locatie van de aarde bekend te maken is dan ook gekkenwerk.[7] Gelukkig is de stilte vanuit het heelal oorverdovend. Ja, er zijn miljarden melkwegstelsels met miljarden sterren. Misschien zijn er ergens heel ver weg wel meer radiozenders en -ontvangers. Maar het zullen er niet veel zijn en de beschavingen die ze hebben, als ze er al zijn, zal misschien maar een kort leven beschoren zijn. Want intelligentie zou uiteindelijk wel eens tot zelfvernietiging kunnen leiden, door kernwapens of via een milieuramp. Het intelligente leven op aarde is voorlopig ook niet meer dan een voetnoot in de geschiedenis van onze planeet. We zijn, praktisch gesproken, alleen in het immense heelal. Als we meer willen weten over ander intelligent leven, zullen we het moeten doen met de chimpansee en de bonobo, de levende wezens die ons qua intelligentie het meest benaderen.

Mensen en apen

De overeenkomsten en verschillen tussen mensen en apen vormen al jaren het onderwerp van heftige en oeverloze discussies. Wat hebben we aan vergelijkingen met onze naaste verwanten in het dierenrijk?[8] Kennis over het gedrag van dieren in hun natuurlijke omgeving is niet direct toepasbaar op menselijk gedrag in moderne samenlevingen. Wel kan een vergelijking op sommige punten de ogen openen en blikverruimend werken. Op zijn minst kunnen we ideeën die we opdoen door naar dieren te kijken toetsen aan menselijk gedrag. Door zijn evolutionaire voorgeschiedenis is ook de mens uitgerust met tal van emoties die aansluiten bij kortetermijnbeloningen. Via het proces van natuurlijke selectie hebben we erfelijke eigenschappen die ertoe bijgedragen hebben dat onze voorouders zich succesvol voortplantten. Vanuit mijn eigen ervaringen zal ik proberen aan te geven hoe ethologische methoden, ethologische vraagstellingen en hypothesen, afgeleid uit ethologisch onderzoek bij dieren, een bijdrage kunnen leveren aan het vermeerderen van kennis over het gedrag van mensen. Daarvoor is wel vereist dat deze drie aspecten niet door elkaar worden gehaald en dat vergelijken niet ontaardt in aan elkaar gelijkstellen.

Ik heb beschreven hoe jonge chimpansees hun volwassen groepsgenoten pesten, plagen en provoceren. Pesten bij mensen, vooral tussen kinderen onderling, staat de laatste jaren volop in de belangstelling. Pesten kan ontaarden in systematisch terroriseren van een kind. Het slachtoffer wordt geschopt en geslagen. Spullen worden afgepakt of kapotgemaakt. Het kind wordt uitgescholden, belachelijk gemaakt of buitengesloten. Afwijkend gedrag, afwijkende kleding, van alles kan als handvat om te pesten gebruikt worden. Kinderen die gepest worden, voelen zich vaak eenzaam en ongelukkig. Ze durven niet meer naar school, twijfelen aan zichzelf en kunnen blijvend beschadigd worden. In sommige gevallen plegen ze zelfmoord.

Studies over het pesten van mensenkinderen stellen meestal frustrerende invloeden verantwoordelijk voor het optreden van dergelijke gedragingen. Het evenwicht in de klas zou verstoord zijn. Pesters en slachtoffers zouden onvoldoende sociale vaardigheden hebben. Pedagogen, psychologen en leraren zetten zich ervoor in slachtoffers te helpen en het pesten te bestrijden. Er zijn voorlichtingsfolders en pestmappen gemaakt, er zijn video's over pesten en speel- en praatgroepen voor pestkoppen en hun slachtoffers. Maar het is onduidelijk waar al die initiatieven op gebaseerd zijn. Er zijn weliswaar onderzoeken in de vorm van enquêtes, self-reports en interviews met leerlingen, ouders en leraren. Die onderzoeken maken zichtbaar hoe pesten beleefd wordt. Ze maken duidelijk dat pesten veel voorkomt, vooral op lagere scholen. Maar er is geen degelijke beschrijving van pestgedrag en pestinteracties. De term 'pesten' wordt gebruikt voor allerlei gedragingen: voor de manier waarop kinderen elkaar lastig vallen, voor de manier waarop ze een leraar of andere gezagsdrager treiteren en voor de manier waarop volwassenen elkaar soms terroriseren of voor de manier waarop bijvoorbeeld allochtonen uit een buurt kunnen worden 'weggepest'. Gaat het inderdaad in al die gevallen om vergelijkbaar gedrag, met vergelijkbare oorzaken en vergelijkbare effecten? Dat is onbekend. Er zijn geen systematische observaties van pestgedrag. Daar zouden ethologische methoden van nut kunnen zijn.

In de onderzoeken naar pesten door kinderen worden bepaalde typen vragen nooit gesteld. Tijdens het grootste deel van hun evolutionaire voorgeschiedenis leefden mensen in kleine groepen. Kinderen hadden contact met andere kinderen van uiteenlopende leeftijden. Wat is het effect als we kinderen, gesorteerd op leeftijd, het grootste deel van de dag bij elkaar zetten in een klas met een volwassen supervisor? In hoeverre verstoort dat normale groepsprocessen? In hoeverre is er bij het pesten sprake van gedragingen die ooit een functie hadden, maar in hedendaagse omstandigheden niet meer? Is er een duidelijke scheiding in pestkoppen en slachtoffers, of vervullen kinderen in de loop van hun ontwikkeling beide rollen? Dat zijn de vragen die een etholoog zich zou stellen. En met de resulaten van het chimpansee-onderzoek in het achterhoofd: is het pesten van mensenkinderen ook voor een deel gericht op het verminderen van onzekerheid of het onderzoeken van gezag? Is het pesten bij mensenkinderen ook een aspect van de relatie tussen kinderen, en niet afhankelijk van eigenschappen van het slachtoffer of de pestkop? We weten het niet en het zou interessant zijn om het verband tussen pesten en de reacties van de slachtoffers nader te onderzoeken. Daar zijn wel systematische observaties voor nodig. Op het schoolplein.[9]

Hooligans, autonomen, agenten

Ik heb er wel eens over gedacht pestgedrag te gaan observeren op schoolpleinen, maar ben uiteindelijk onderzoek gaan doen naar menselijk gedrag bij gewelddadige protestacties en voetbalwedstrijden.[10] Systematische ethologische observaties leken mij bij uitstek geschikt om het gedrag van mensen tijdens rellen te bestuderen. De groepen die zich vormen zijn tijdelijk, de betrokkenen van de verschillende partijen: hooligans, autonomen en politie-agenten kennen elkaar meestal niet persoonlijk en veel van de communicatie is non-verbaal. Door bij zo veel mogelijk gebeurtenissen waarnemingen te verrichten was het mogelijk vergelijkingen te trekken tussen geëscaleerde en niet-geëscaleerde situaties. Door de waarnemingen direct vast te leggen was ik voor de analyse van de gebeurtenissen niet afhankelijk van het geheugen van de direct betrokkenen, die tegelijkertijd belanghebbenden zijn. Het doel van het onderzoek was tweeledig: beschrijven wat er gebeurt en verkennend analyseren welke factoren het ontstaan en de escalatie van groepsgeweld beïnvloedden.

Het verband tussen het rellenonderzoek en mijn voorafgaande chimpansee-onderzoek was gelegen in de methodische aanpak. Het ging niet om een vergelijking of een toepassing van hypothesen vanuit het onderzoek naar pesten. Dat zou ook raar zijn, want het geweld in relsituaties wordt vrijwel uitsluitend door jonge mannen in of na hun puberteit vertoond, in groepsverband en gericht op doelwitten die niet tot de eigen groep horen. Een heel andere situatie dan het individuele pesten binnen de eigen groep door jonge chimpansees die nog niet in de puberteit zijn. Toch werd geprobeerd het voor te stellen alsof ik mijn chimpanseebevindingen rechtstreeks doortrok naar voetbalvandalen.

De Wall Street Journal schreef, na zich erover te hebben verwonderd dat de Nederlandse overheid een studie naar voetbalvandalisme had opgedragen aan een dierenonderzoeker, dat ik met de bevinding zou zijn gekomen dat "voetbalgeweld niet meer was dan geweld van pubers die zich een houding trachten te geven, te vergelijken met het gedrag van jonge chimpansees". Er kwam meer voor de hand liggende publiciteit over "voetbalapen". Ingezonden brievenschrijvers in kranten kwamen met tips in de trant van "Overkap de staantribune, gooi wat banaantjes naar binnen en zet bij de ingang het bordje 'Apies kijken en een voetbalwedstrijd voor de prijs van één'." Ook serieuze commentatoren schreven dat het de juiste invalshoek was om het groepsgedrag op de voetbaltribunes te onderzoeken met dezelfde methoden als waarmee een "apenrots" bestudeerd wordt, omdat "supporters iets dierlijks heb-ben, ze handelen volgens een primitief soort eerlijkheid die hen in geci-viliseerde ogen even abject als intrigerend maakt. Nergens vind je de mensheid zo ongepolijst en grof als op een voetbalveld en achter de doelen, waar humor, haat en strijd in hun meest primaire vorm beleefd worden."[11] Er verschenen overigens ook cartoons van ME-ers met een chimpansee-uiterlijk.

Zoals gezegd, hypothesen ontleend aan chimpansee-onderzoek kunnen bruikbaar zijn bij onderzoek naar het gedrag van mensen. Maar dat gaat niet alleen op voor pestende kinderen, agressieve voetbalvandalen en knuppelende politie-agenten. In 1977 deed de criminoloog Jan van Dijk onderzoek naar dominantiegedrag en geweld bij mensen.[12] Van Dijk be-steedde daarbij ruim aandacht aan de op dat moment beschikbare etho-logische literatuur en kwam tot de conclusie dat er aanwijzingen bestaan dat het universeel voorkomende, mannelijke streven naar prestige en macht een van de belangrijkste oorzaken is van de gewelddadige crimi-naliteit. De integratie van de ethologische hypothesen over dominantie-streven en imponeergedrag binnen de gangbare criminologische theo-rieën over het ontstaan van gewelddadige jeugdbenden leverde de aanzet tot een multidisciplinaire theorie over gewelddadige jeugdcriminaliteit.

Volgens deze theorie hebben leden van gewelddadige jeugdbenden dezelfde fundamentele behoefte als andere adolescenten om binnen de primaire groep waartoe zij behoren, aanzien en macht te verwerven. Omdat aan hen door sociaal-economische oorzaken geen alternatieve imponeermiddelen ter beschikking staan, zijn zij voor bevrediging van hun dominantiestreven aangewezen op het fysieke imponeergedrag. De incidentele geweldplegingen op buitenstaanders zijn de meest extreme verschijningsvorm van dit imponeergedrag. Deze visie op de geweldple-gingen in groepsverband van adolescenten impliceert dat deze ogen-schijnlijk zinloze gewelddaden voor de daders het enige middel zijn waarmee zij een psychologische behoefte kunnen bevredigen die op zichzelf allerminst afwijkend is. Het mannelijke streven naar prestige en macht is volgens Van Dijk niet alleen verantwoordelijk voor een bepaal-de vorm van gewelddadige jeugdcriminaliteit, maar ook voor een deel van de geweldsmisdrijven in de privé-sfeer. In aansluiting op de ontwik-kelingen in het biologisch gedragsonderzoek sinds 1977 wordt het mis-schien tijd dat criminologen zich nu ook meer gaan richten op de manier waarop mensen in staat zijn spanningen te reguleren, geweld te voorko-men en via verzoeningsprocessen beschadigde relaties te herstellen.

Managers

En misschien is het de moeite waard om ook machtsrelaties in het bedrijfsleven met ethologische methoden te onderzoeken. Volgens onderzoek zou een op de tien werknemers systematisch worden gepest.[13] Opleiding en functie speelden geen rol; stress, werkdruk, onzekerheid over de toekomst, een slechte stijl van leidinggeven en intensieve samenwerking wel. Veel is er eigenlijk nog niet over bekend, net zomin als over de manier waarop managers zich feitelijk gedragen. In menig manager schuilt een Nikkie.[14] Sociaal-psycholoog en organisatieadviseur Mauk Mulder formuleerde het zo: "Succesvolle bedrijven hebben een leider als Nikkie nodig, die zowel samenwerking als leiderschap tentoonspreidt, om kan gaan met spanning en verzoening propageert. Zeer krachtige individuen die goed onderling samenwerken, beïnvloeden het bedrijfsresultaat positief." Mulder deed zijn uitspraak op een symposium voor managers waar ook Jane Goodall en ikzelf spraken.[15] Voorzichtig gaven we een kijkje in het leven van een chimpanseegemeenschap. Als een soort spiegel, als een mogelijkheid om met afstandelijkheid te kijken naar het soort processen dat een rol speelt in de samenleving van chimpansees. Voor de managers was het een veilige manier om te praten over processen die, als je er zelf deel van uitmaakt, niet opvallen of niet bespreekbaar zijn.

De managers zelf constateerden overeenkomsten tussen de machtsverhoudingen in bedrijven en die in een chimpanseegemeenschap. Ook het bestaan van een manager is maar tijdelijk en een opvolger staat vaak al klaar in de schaduw. Rituele dansen zijn niet onbekend in het bedrijfsleven. Andere deelnemers aan het symposium zagen de mogelijkheid opdoemen toekomstige bezoeken aan de dierentuin te declareren als leiderschapscursus.

Om iets over het gedrag van mensen te kunnen zeggen, zullen we het moeten onderzoeken, niet alleen om op zoek te gaan naar overeenkomsten met het gedrag van chimpansees en andere dieren, maar ook om verschillen in kaart te brengen.[16] Ethologische methoden, ethologische vragen en hypothesen uit ethologisch onderzoek naar dieren kunnen daarbij van nut zijn. In tegenstelling tot andere gedragswetenschappers hebben biologen een theorie om gedrag te verklaren: het neodarwinistische evolutiemodel. Verklaren is iets anders dan goedpraten. Pesten, agressie, misleiding, opportunisme en concurrentie zijn niet minder erg als apen het ook doen. Onze beestachtige genen zijn geen excuus voor

moord en doodslag. We worden niet gedreven door een volstrekt on-
beheersbaar verlangen naar het kwaad.[17] Hoe de overeenkomsten en
verschillen tussen mensen en chimpansees (of andere dieren) ook ge-
duid worden, het is nooit zo dat menselijk gedrag daarmee natuurlijk,
goed of onveranderlijk is. Menselijk gedrag is aangepast aan de omstandigheden in duizenden jaren menselijke evolutie. Ieder mens en iedere
chimpansee kan ervoor kiezen om zich anders te gedragen. En misschien zitten, zoals bijvoorbeeld Kummer denkt, mensen in moderne
westerse samenlevingen wel in een positie die vergelijkbaar is met die
van de Arnhemse chimpansees.[18] Misschien maakt de luxe van vérgaan-
de verzorging het mogelijk dat mensen zich deels losmaken van hun erfelijk programma en streven ze het genot van het geërfde beloningssysteem na zonder dat er in alle gevallen nog een verband is met
overleving en voortplantingssucces. Door onderzoek komen we erachter dat individuen geneigd zijn bepaalde keuzen te maken. Of dat 'goed'
of 'kwaad' is, is een heel ander verhaal. Ethologie is geen alibi voor mo-
reel verwerpelijk gedrag, geen nieuwe Blijde Boodschap.[17]

Ik ben 's ochtends later dan gewoonlijk bij het chimpanseeverblijf. Het valt me op dat het ongewoon stil is. Nikkie zit niet in de groep. De aanwezige studenten kunnen me niet vertellen waar hij wel is. Als ik ga zoeken, zie ik verzorgster Jacky Hommes op het eiland lopen, kletsnat. "Hij is dood", snikt ze en het duurt even voor ik snap wat er gebeurd is.

Het bleek 's morgens nog te koud om de chimpansees naar buiten te laten. Jacky liet ze in een van de binnenhallen. Nikkie weigerde de hal in te gaan. Halsstarrig bleef hij in een gang zitten, blijkbaar in de hoop ongestoord te kunnen paren met Krom die in haar vruchtbare periode is. De seksuele belangstelling voor Krom en de onderlinge jaloezie hadden de afgelopen dagen al voor de nodige onrust gezorgd in het binnenverblijf. Jacky had Krom vandaag in haar hok laten zitten om Krom en de groep een dagje rust te gunnen, dus Nikkie bleef voor niks wachten. Hij toonde zich ongevoelig voor dreigementen met de waterspuit. Toen het luik van de hal gesloten werd, weigerde Nikkie terug te gaan naar zijn hok. Dus bleef hij zitten waar hij zat.

Tegen elven scheen de zon volop. Jacky trok het luik omhoog om Nikkie het buitenterrein op te laten. Zodra het luik omhoogging, rende Nikkie op topsnelheid naar buiten. Zonder enig geluid uit te brengen overbrugde hij de ruim honderd meter die het eiland lang is. Aan het eind gekomen stopte hij niet. Hij sprong. Ondanks zijn snelheid en de kracht van zijn sprong haalde hij de overkant niet. Hij zonk als een baksteen. Tegen de tijd dat de geschrokken Jacky buitenom was gerend en hem heel moedig en met veel moeite uit het water had gehaald, was hij dood. Ze heeft hem zelfs nog mond-op-mondbeademing gegeven.

Voor de zekerheid lopen we samen nog naar het levenloze lichaam van Nikkie toe. Er is geen twijfel mogelijk: de (tot voor kort) machtigste chimpansee van Nederland is niet meer.

De rest van de groep zit nog binnen in de hal en heeft niets van Nikkie's fatale sprong gezien. Toch waren ze merkwaardig genoeg urenlang dood-stil. Dat viel me op, toen ik binnenkwam, en dat viel ook de studenten op die niet in de gaten hadden gehad wat er met Nikkie was gebeurd. Geen geluid was er te horen, zelfs geen kind krijste. Op de een of andere manier hadden ze in de gaten dat er iets bijzonders gebeurd was. Ze hadden na-tuurlijk gehoord dat het luik open ging en dat Nikkie naar buiten rende. Daarna hebben ze gehoord dat er mensen op het chimpansee-eiland rond-liepen, en ze weten heel goed dat er nooit mensen en chimpansees tegelijk op het terrein zijn.

Nikkie.

12 ZELFMOORD OF WANHOOPSSPRONG?

De dood van Nikkie brengt me onherroepelijk terug in het hier en nu. De media tonen grote belangstelling voor het einde van de leider van de Arnhemse chimpanseegroep. Alsof er een staatshoofd overleden is. Het blijkt de geïnteresseerde media niet zozeer om Nikkie's dood te gaan, maar om de manier waarop hij aan zijn einde kwam. De kranten-koppen liegen er niet om: "Aap stort zich van rots", "Getergde apenko-ning pleegt zelfmoord", "Aap verdrinkt zich", "Machtsstrijd in Burgers", Nikkie, de "ongekroonde koning van het chimpanseevolk", zou zichzelf hebben gedood door zich pardoes in een diepe gracht te werpen, een "Vlucht in de dood, bewerkstelligd door twee samenzwerende onder-danen".[1] Dat is nieuws. Een aap die zelfmoord pleegt. Een fenomeen waarvan we dachten dat het uniek voor mensen was, blijkt ook in het dierenrijk voor te komen.

Steeds weer leg ik uit wat er echt gebeurd is met Nikkie. Ik schets de voorgeschiedenis en vertel het verhaal van de machtigste chimpansee van Nederland. Een baas, die alleen maar baas kon zijn dankzij een bondgenootschap met een ander. Niks bijzonders voor chimpansees. Een bondgenootschap dat verbroken werd. Ook niks bijzonders. Een rivaal die samenzweert met een voormalige bondgenoot. Inmiddels ook een bekend verhaal. In het wild zou een onttroonde leider een tijdlang de andere mannen ontwijken en de wijk nemen naar de periferie van het groepsgebied. Die ruimte is er in Arnhem niet, maar in het verle-den was gebleken dat een voormalige leider zich kan schikken in de ge-wijzigde machtsverhoudingen en zich probleemloos in de groep hand-haaft.

Door een ongelukkige samenloop van omstandigheden is er een situ-atie ontstaan waarin Nikkie zich waarschijnlijk ernstig bedreigd heeft gevoeld. En, anders dan gebruikelijk, is hij deze keer niet een boom in gevlucht. Ik denk dat hij in een moment van paniek geprobeerd heeft over de gracht te springen. Het jaar ervoor was het gelukt, dus waarom nu niet? Toen Nikkie naar buiten ging, verkeerde hij ongetwijfeld in de veronderstelling dat de rest van de groep ook zou komen en, gezien eerdere ervaringen, mogelijk achter hem aan zou gaan. De chimpansees kunnen de luiken op het gehoor van elkaar onderscheiden en bij het horen van het buitenluik heeft de groep zoals gebruikelijk opgewonden gereageerd. Er is geen enkele reden om aan te nemen dat Nikkie dood wilde. Zijn gedrag wijst daar ook niet op. Integendeel, hij heeft zijn best gedaan de overkant te halen, maar dat is mislukt. Ik geef belangstellende journalisten aan dat Nikkie's dood nu zonder meer zal leiden tot een tweestrijd tussen zijn rivalen Yeroen en Dandy, een strijd die maanden kan duren. Ondanks wat er met Nikkie is gebeurd, vertel ik erbij, ligt het niet in onze bedoeling de rivalen uit elkaar te halen.

Ingrijpen

Ik krijg niet alleen reacties van de media. Ik krijg ook een brief, vooral naar aanleiding van mijn opmerking dat we niet van plan zijn Dandy en Yeroen uit elkaar te halen. Waarom niet? En waarom heb ik niet ingegrepen? Dat komt zeker omdat ik de objectieve en afstandelijke wetenschapper wil uithangen, die zich niet met zijn object van onderzoek wil bemoeien? In de bijbel staan nota bene de argumenten waarom ik had moeten ingrijpen. In Psalm 8 staat heel duidelijk dat de mens heerser is gemaakt over het werk van Gods handen, de dieren des velds, de vogelen des hemels, de vissen der zee.[2] Aldus de bezorgde briefschrijver. Ik schrijf hem beleefd terug welke filosofie er ten grondslag ligt aan de opzet van de chimpanseegroep in Arnhem. Ik vertel de briefschrijver dat aan de wens tot scheiding van de rivalen een enorme onderschatting van de sociale intelligentie en vaardigheden van chimpansees ten grondslag ligt. Een beleid dat de twee rivalen uit elkaar zou halen, zou ertoe leiden dat iedere chimpansee van het mannelijk geslacht zodra hij de volwassenheid bereikt uit de groep verwijderd zou moeten worden.

Het hele bestaan van de chimpanseegroep in Arnhem is natuurlijk een ingreep van jewelste. Uitgangspunt daarbij is dat menselijk ingrijpen beperkt blijft tot het hoogst noodzakelijke en dat de chimpansees binnen de grenzen van het dierentuinbestaan een leven kunnen leiden dat zo veel mogelijk overeenkomsten vertoont met dat van hun soortgenoten in Afrika. Maar niet ten koste van alles. De apen krijgen te eten en als ze merkbaar ziek of ernstig gewond zijn, komt de dierenarts naar ze kijken om ze zo nodig te behandelen. 's Nachts slapen de chimps in nachthokken en overdag moeten ze verplicht het buitenterrein op, tenzij de weersomstandigheden het niet toelaten. Dan gaan ze de binnenhal in. Deze keuzen zijn ingegeven door wat we weten over het leven van chimpansees in het wild en over het houden van chimpansees in gevangenschap. De keuze om een groep te houden met daarin meerdere volwassen mannen houdt zekere risico's in. Die zijn er in het wild ook.

Als onderzoekers grijpen we in principe niet in het groepsleven in. Ook niet als pestende jongeren een stok of steen naar ons gooien. Vooral Wouter had er een tijd een handje van om een van de waarnemers uit zijn evenwicht te brengen door stenen te gooien. Het devies was dat compleet te negeren, hoe lastig dat soms ook was. Op een novemberdag gooide Jonas (10 jaar) wel een kwartier lang zonder ophouden stokken tegen de ramen van de observatieruimte. Ik was daar in mijn eentje aan het werk en kreeg het gevoel dat hij wilde benadrukken dat hij het te koud vond om buiten te zijn. Door steeds maar weer stokken tegen de ruiten te gooien, wilde hij bereiken dat de chimpansees naar binnen gehaald zouden worden. Ik heb hem totaal genegeerd, maar de knallen op de ruiten werkten op den duur bijzonder intimiderend. De ruiten hielden het gelukkig.

Wij maken niet uit wie er een 'goede' leider is en in de groep mag blijven. Als je één keer begint met ingrijpen in het dagelijkse leven van de chimps onder elkaar is het eind zoek. En het is maar de vraag wat ze ermee zouden opschieten. De adopties van Wouter en Roosje waren uitzonderingen. Ik herinner me nog goed hoe Roosje bij haar natuurlijke moeder Krom is weggehaald, toen duidelijk was dat Krom ook dit kind aan haar lot overliet. Vanaf de eerste dag liet ze Roosje regelmatig alleen liggen en ze reageerde totaal niet op het gekrijs, dat door merg en been ging. Als ze Roosje al vasthad, hielp ze haar niet om bij de borst te komen. Op de derde dag besloot Antoon van Hooff, de directeur van Burgers' Dierenpark, Roosje bij Krom weg te halen. Terwijl hij Krom, die in haar nachthok zat, met een banaan afleidde, trok Fred Ruoff een luik open en kon ik vanuit het naburige nachthok Roosje snel bij een been pakken. Heel teer en heel breekbaar voelde ze aan en ze was o zo klein. Frans de Waal bracht vervolgens zijn idee in praktijk om Roosje door Gorilla te laten adopteren en Gorilla te leren haar met de fles te voeden. In de meeste gevallen is er geen pleegmoeder voorhanden voor een verstoten chimpanseebaby. Het alternatief om zo'n kind dan door mensen op te laten voeden biedt geen echte oplossing: chimpansees zijn sociale dieren, die in een groep thuishoren. Door ze gescheiden van andere chimpansees groot te brengen, vermink je ze ernstig. En onvermijdelijk komt dan het moment dat je ze in een hok moet stoppen. Het is dan ook in het algemeen beter om chimpanseemoeders zelf verant-woordelijk voor hun kinderen te laten zijn, zelfs als dat betekent dat er af een toe een baby doodgaat.

Als er door de omstandigheden waaronder ze in de dierentuin worden gehouden problemen ontstaan, is er alle reden om wel in te grijpen. Bij ruzies in de binnenhal heb ik een aantal keren ingegrepen door het luik open te trekken. De binnenhal is maar 21 bij 18 vierkante meter groot en de chimpansees hebben daar minder gelegenheid om zich aan elkaar te onttrekken. Die onnatuurlijke omstandigheid kan het nodig maken een ontsnappingsmogelijkheid te creëren als een ruzie zolang doorgaat dat er geen eind aan lijkt te komen. Ik zal nooit vergeten hoe Nikkie door de tralies heen contact met me zocht nadat ik hem de gelegenheid had gegeven aan zijn belagers te ontkomen op de dag, drie maanden voor zijn dood, dat hij zijn leiderschap definitief kwijtraakte.

Machtsstrijd

Met de dood van Nikkie kwam de positie van machtigste chimpansee van Nederland echt vacant. Nog dezelfde dag vervolgden Dandy en Ye-roen de machtsstrijd. Het duurde maanden voordat de strijd beslist was. De rivalen imponeerden veelvuldig en vlooiden elkaar langdurig en intensief. Het was vooral Yeroen die Dandy vlooide in plaats van an-dersom, zoals vroeger. Voor het overige had Dandy duidelijk het initia-tief in handen: hij eiste alle paringen voor zich op, hij blufte vaak tegen Yeroen en de vrouwen en lokte zo reacties van Yeroen uit. Yeroen blufte terug en hielp de vrouwen. Het was dan ook Yeroen die de meeste onderdanigheidsbetuigingen en de meeste steun van de vrou-wen ontving. Vooral Mama bleek een trouwe en fanatieke steun voor Yeroen. Iedere keer dat hij ruzie met haar kreeg, wist Dandy niet hoe snel hij zich weer met haar moest verzoenen. Yeroen deed iedere keer weer zijn uiterste best om zo'n verzoening te verhinderen en Mama op te hitsen: steeds ging hij tussen Mama en Dandy instaan, of sloeg hem van achter Mama's rug.

Langzamerhand ging Dandy de strijd winnen. Dat was niet alleen zijn eigen verdienste. Er waren maar liefst vijf vrouwen, waaronder Mama, die een kind kregen. Waarschijnlijk waren het voor het grootste deel nakomelingen van Nikkie, die op die manier indirect toch nog invloed had op de uitkomst van de machtsstrijd. De baby's waren Nikkie's pos-tume beloning voor alle stress. Ze zijn het gevolg van alle inspanningen die hij zich getroostte om de baas te zijn en zo veel mogelijk te paren.

Zo'n baby hangend aan de buik is een handicap bij ruzies, en de vrouwen waren minder goed dan anders in staat Yeroen effectief te helpen. Ook de aanwezigheid van een aantal jonge mannen in de groep was van belang. Op de rand van volwassenheid waren ze zelf volop bezig hun machtspositie te versterken. Geen idealere gelegenheid om dominant te worden over de volwassen vrouwen dan de momenten dat Dandy bezig is met die vrouwen. De jonge mannen maakten steeds weer gebruik van die kans om de vrouwen te belagen, namelijk door tegen hen te bluffen en door klappen uit te delen net zolang totdat er onderdanigheidsbetuigingen kwamen. Vooral de oudste van het stel, de tienjarige Wouter, was actief. Indirect hielpen hij en de andere jonge mannetjes Dandy, want de vrouwen waren daardoor minder goed in staat Yeroen te helpen. Dandy's tactiek leek er duidelijk op gericht de jonge mannen daarin te stimuleren: hij hielp ze wanneer hij maar kon in hun ruzies met de vrouwen.

In die tijd leek het wel of de gracht ineens een alternatieve vluchtroute was geworden voor de chimpansees. Ze hadden niet gezien dat Nikkie verdronken was, en geen van de chimpansees had zijn dode lichaam gezien.[3] Ze hadden alleen gehoord dat Nikkie naar buiten werd gelaten. Vervolgens was hij verdwenen en de enige mogelijkheid die overbleef, was over de gracht. In de maanden na Nikkie's dood hebben twee groepsleden geprobeerd de gracht over te komen. In de jaren daarvoor was dat nog nooit voorgekomen.

Eerst was het Dandy die – met succes – een poging waagde. Het begon met het inmiddels gebruikelijke conflict tussen Dandy en Mama. Mama beet Dandy. Gorilla en Yeroen gingen ook achter Dandy aan. Dandy rende het terrein in de breedte over en nam een pracht van een duik. Hij kwam op twee derde van de gracht, deed enkele hondenzwemslagen, ging kopje-onder, deed nog een paar slagen en was eroverheen. Eenmaal aan de overkant wilde hij direct weer terug. Hij liep op en neer langs de gracht. Yolanda van Beek, een van de studenten, was ter plekke en had de ervaring van haar leven toen Dandy haar omarmde. Dat kalmeerde hem, en uiteindelijk klom Dandy via een boom over een muur en sprong hij op het terrein.[4] De andere chimpansees waren inmiddels snel naar binnen gehaald door het luik open te trekken. De succesvolle overtocht van Dandy was door alle apen aanschouwd en werd na enige tijd gevolgd door Fons met een eigen – minder succesvolle – poging.

Tijdens een ruzie een paar weken later werd Fons (9 jaar) achternage-
zeten door zowat de hele groep. Hij rende over het terrein en leek op
een gegeven moment doelbewust te kiezen voor een sprong in de
gracht. Ik zag het aankomen vanuit het raam in de observatieruimte.
Gelukkig sprong hij bij de plek die ik het snelst kon bereiken, maar
eerst moest ik toch nog buitenom lopen. Dat kostte zeker een minuut.
Fons spartelde wat rond, ging onder en tegen de tijd dat ik aankwam,
was hij niet verder dan tot de helft van de gracht gekomen. Een bezoe-
ker stond al naar hem te hengelen met een stok. Fons was al niet meer
te zien in het troebele water. Ik sprong in de gracht. Staande in het an-
derhalve meter diepe water stak ik op goed geluk mijn armen in de
richting waar ik hem vermoedde. Even later voelde ik iets om mijn arm
knellen. Toen ik mijn arm omhoog deed en in de richting van de rand
bewoog, kwam Fons mee. Hij klauterde zelf op de kant en probeerde
direct een boom in te klimmen. Volledig over zijn toeren was hij helemaal gericht op de chimpansees die aan de overkant nog volop stonden
te krijsen en te blaffen. Op mijn pogingen hem te kalmeren reageerde
hij door met zijn vlakke handen me een paar klappen te geven. Pas nadat de meeste chimps naar binnen waren, werd hij rustiger en kwam hij
zelf op het idee de muur over te klimmen en het terrein op te springen.
Ook de bijna-verdrinking van Fons was door alle apen gezien en na die
tijd zijn er gelukkig geen pogingen meer geweest de gracht over te steken. Bij zowel Dandy als Fons was het opvallend dat, zodra ze de gracht
over waren, ze nog maar één ding wilden: terug naar de groep. Allebei
kwamen ze op eigen initiatief weer terug op het terrein.

Dandy.

Yeroen

De machtigste chimpansee van Nederland

Een half jaar na de dood van Nikkie betuigde Yeroen voor het eerst zijn onderdanigheid ten opzichte van Dandy. Hij deed dat terloops en onopvallend, alsof hij het nauwelijks uit zijn strot kon krijgen. In de weken voorafgaand aan deze eerste onderdanigheidsbetuiging barstte hij regelmatig in hysterische krijspartijen uit. Die werden door de andere groepsleden voornamelijk genegeerd. De geschiedenis herhaalde zich, want vergelijkbare verschijnselen hadden zich ook al afgespeeld bij eerdere machtswisselingen.[5] Vanaf het moment dat Yeroen zijn onderdanigheid betuigde, was Dandy de machtigste chimpansee van Nederland.

Vroeger veronderstelden menselijke waarnemers dat achter de passiviteit die Dandy zo vaak tentoonspreidde een of ander 'geheim plan' zat. Want iedereen was ervan overtuigd dat Dandy buitengewoon slim was. Frans de Waal noemde hem de intellectueel van de familie.[5] Dandy wist zijn soortgenoten en mensen voor de gek te houden. 'Wie niet sterk is, moet slim zijn' leek hem op het lijf geschreven. Ooit, dachten we, zou de dag komen dat zijn slimheid hem aan de macht zou brengen. Hoewel hij nu inderdaad aan de macht was gekomen, ben ik er in de loop der jaren van overtuigd geraakt dat er geen geheim plan was. Ook als leider was Dandy gewoon vaak traag en passief, onzeker en besluiteloos. Als het om eten ging was hij wel handig, maar als politiek dier was hij niet opmerkelijk. Zijn blufacties werden uiterst langzaam opgebouwd en stopten vaak voordat ze goed en wel begonnen waren. Hij was ook nerveus. Heel ongebruikelijk voor chimpansees was dat hij een van de andere mannen vaak plotseling aanviel terwijl hij vriendelijk contact met ze had: tijdens spel of een gespannen vinger-in-de mond-contact. Als Dandy reageerde op een paring van een van de jonge mannen, liep hij zo langzaam op het copulerende duo af – er ondertussen goed oplettend dat hij niets verloor van het eetbaars dat hij in zijn handen had – dat de paring voorbij was tegen de tijd dat Dandy in de buurt kwam. Misschien stelde hij zijn prioriteiten gewoon anders dan ik zou verwachten, maar ik dacht nog wel eens met weemoed terug aan de alertheid en de daadkracht van Nikkie en aan zijn flitsende imponeervoorstellingen.

Yeroen zou Yeroen niet zijn als hij zich zomaar bij Dandy's superioriteit neer zou leggen. In dezelfde tijd dat Yeroen Dandy ging groeten, was Wouter zover dat hij dominant was over alle vrouwen, inclusief Mama. Na Nikkie's dood had hij zich bijzonder snel ontwikkeld. Hij werd nog groter, steviger en ambitieuzer dan hij al was. Hij kreeg volwassen hoektanden. Ook de jongere mannen, zijn vroegere speelkameraadjes, groetten hem onderdanig. Door Wouter af en toe te steunen tegen Dandy, slaagde Yeroen erin het machtsevenwicht weer aan het wankelen te krijgen. Zo zette de strijd om de macht zich voort. De chimpansees streefden hun belangen na in een mengeling van agressie, samenwerking, verzoening, initiatief en berusting. Erfelijk materiaal werd doorgegeven van de ene naar de andere generatie, in een proces dat al miljoenen jaren zo loopt. De ene leider volgde de andere op (na Dandy kwam Fons en nog weer later Jing), mannen en vrouwen paarden met elkaar, kinderen werden geboren en groeiden op, individuen gingen dood of werden uit de groep gehaald.

Ook voor mij kwam de tijd om afscheid te nemen. Het proefschrift was geschreven, de financiering stopte. Verplicht op zoek naar wat anders. Regelmatig bekroop me bij mijn latere werkzaamheden het gevoel dat ik de gracht was overgestoken. Dat ik zelf onderdeel was van een gemeenschap vol belangentegenstellingen, machtsstrijd en intriges. Dat gevoel droeg ertoe bij dat ik nog vaak op de fiets stapte in de richting van Burgers' Dierenpark. Om de chimpanseefamilie terug te zien. Om terug in de tijd te gaan en het heden te relativeren. Maar ook om weer eens aan de andere kant van de gracht te staan, als toeschouwer.

Mama groet Dandy.

DE FILMPROJECTOR

"Als je van dat filmen van diergedrag iets meer inzicht zou kunnen krijgen omtrent ons eigen gedrag, dan is dat behalve een interessante bezigheid wellicht ook nog nuttig omdat de film zo bij uitstek het medium is om het werk van een kleine groep experts onder de aandacht te brengen van een grote groep medemensen."

Bert Haanstra, *Schieten met de camera* [1]

Bert Haanstra aan het filmen in Arnhem.

Eind 1972 zat ik als zestienjarige op het puntje van mijn stoel naar de film *Bij de beesten af* van Bert Haanstra te kijken. Op een schitterende manier bracht Haanstra overeenkomsten in gedrag tussen mens en dier in beeld, geïnspireerd door de biologische studie van het gedrag, de ethologie. Toen ik ruim tien jaar later zelf etholoog was geworden en werkzaam in Arnhem, ontmoette ik Haanstra. Hij had het boek *Chimpanseepolitiek* van mijn voorganger Frans de Waal gelezen en wilde praten over mogelijkheden om een film over de in dat boek beschreven mensapengemeenschap te maken.

Staande aan de gracht, kijkend naar de chimpansees, maakten we elkaar steeds enthousiaster. Het gevolg was dat Bert Haanstra van juni tot en met september 1983 vrijwel dagelijks in Arnhem aan het filmen was. Zoveel als mogelijk verklaarde ik hem het chimpanseegedrag en wees ik op wat er waarschijnlijk te gebeuren stond.

In zijn boek *Bij de Beesten* af had Bert Haanstra indertijd geschreven dat het maken van die film "een tijd met veel ups en nog meer downs was".[1] Vaak zat hij met de handen in het haar als hij er niet meer uitkwam. Datzelfde was ook nu het geval. Hij bleek een perfectionist en wilde dat alles tot in details precies goed was. Daarnaast moest de film zowel toegankelijk zijn voor een breed publiek als wetenschappelijk volledig verantwoord zonder saai en belerend te worden. Dat gaf mij een soort vetorecht dat ik nooit heb hoeven gebruiken: de samenwerking was voortreffelijk, van opnamen tot montages en het schrijven van de tekst. Ik heb veel geleerd van het werken met een gedreven en perfectionistische professional.

Het eindresultaat *Chimps onder elkaar* was een vorm van cinematografische ethologie, zoals Jan van Hooff, mijn hoogleraar van de Universiteit Utrecht, het treffend noemde. Vrijwel alle aspecten van het chimpanseegedrag zaten erin: vertoon van slimheid, plagen en pesten, vlooien, rusten, spelen, moederlijk gedrag, onderdanigheid, seks en geweld en de steeds tenminste sluimerende machtsstrijd tussen de volwassen mannen met Nikkie als grote baas.

Chimps onder elkaar bleek een succes: de film werd in vele landen op de televisie vertoond, werd op wetenschappelijke congressen en op filmfestivals gedraaid en won twee prijzen. In Nederland kwam hij voor het eerst in oktober 1984 op het scherm. De effecten op het dierentuinpubliek waren opvallend: mensen bleven langer kijken, ze wachtten tot er iets gebeurde wat ook in de film te zien was. 'Eenvoudige' gedragingen als water drinken, met stokken gooien en spelen kregen meer aandacht dan voorheen. Het leek of men met meer interesse keek en beter wist wat men kon verwachten. Sommige apen werden zelfs herkend. In het algemeen wisten mensen meer over de apen: dat er onderzoek verricht werd, wat 'bluffen' was enzovoort. De reacties waren vrijwel zonder uitzondering positief.[2]

Bert Haanstra vond dat hij nog niet genoeg reacties had gehad. Hij wilde de film ook aan de chimpansees vertonen om te zien hoe ze erop zouden reageren. Ik waarschuwde hem dat de kans op een teleurstelling groot was. Het zou vrijwel onmogelijk zijn om aan het gedrag van de chimpansees te zien hoe ze een filmvertoning zouden ervaren. Een lichtpuntje was dat Nikkie, die inmiddels was overleden, prominent in de film figureerde. Dat zou nog wel eens duidelijke reacties kunnen opleveren, vooral van Yeroen en Dandy die direct na Nikkie's dood elkaars grootste tegenstanders waren geworden.

Op een avond in 1985 gingen alle lichten uit in het binnenverblijf.[3] De hele groep zat in de hal en in het schemerdonker begon de filmprojector te lopen. Zodra de eerste scènes op de crèmekleurige muur verschenen, fixeerden alle chimpansees het beeld. Ze leken zeer geïnteresseerd. Sommigen hadden van opwinding hun haren recht overeind staan. De film werd zonder geluid vertoond en het was doodstil in de hal. Maar op het moment dat in beeld een van de vrouwen onheus bejegend werd door een puber liet een aantal van de chimpanseetoeschouwers afkeurende geluiden horen. Het was onmogelijk om vast te stellen of ze de vertoonde individuen herkenden.

De echte test kwam op het moment dat Nikkie in beeld verscheen. Direct toen dat gebeurde, ontblootte Dandy zenuwachtig zijn tanden, begon hard te krijsen en rende naar Yeroen: hij omarmde hem stevig en ging bij hem op schoot zitten. Ook Yeroen had zijn mond vertrokken in een onzekere grijns. Er was geen twijfel mogelijk. De beide mannen hadden de bijna een jaar daarvoor overleden Nikkie herkend. Meer dan dat, Nikkie's 'herrijzenis' herstelde direct de oude situatie: zijn plotselinge filmische terugkeer uit het verleden veranderde de twee rivalen die elkaar vrijwel dagelijks bestreden voor even weer in bondgenoten. De filmprojector had als een tijdmachine gewerkt.

VERANTWOORDING

Dit boek was niet mogelijk geweest zonder het bestaan van de unieke chimpanseegroep in Burgers' Dierenpark in Arnhem. Ik ben veel dank verschuldigd aan mijn chimpanseefamilieleden : Yeroen, Luit, Nikkie, Dandy, Mama, Puist, Gorilla, Jimmy, Krom, Spin, Tepel, Amber, Zwart, Oor, Henny, Wouter, Jonas, Fons, Tarzan, Jakie, Moniek, Gombe, Roosje, Titi, Zola, Asoet, Soko, Jing, Ponga, Hoya, Tirza, Zaira, Gaby, Ayo, Marka, Jerom, Tezua, Pan, Hadassa, Sabra, Jelle, Moramy, Ziswa, Pranka Paya en Giambo.

Tenzij anders aangegeven, zijn de beschreven anekdoten mijn eigen waarnemingen. De op systematische gegevens berustende waarnemingen zijn afkomstig uit het langlopende onderzoek dat onder leiding van Frans de Waal en mijzelf en met medewerking van doctoraalstudenten werd verricht. De chimpanseegroep in Arnhem dankt zijn bestaan aan Antoon en Jan van Hooff. Ik ben dankbaar voor de gelegenheid die ze mij geboden hebben er onderzoek te doen. Mijn promotie-onderzoek werd gefinancierd via een researchpoolpost van de Universiteit Utrecht. Ik dank het personeel van het Laboratorium voor Vergelijkende Fysiologie van de Universiteit Utrecht dat heeft bijgedragen aan de voortgang van het onderzoek. Collega Matthijs Schilder ben ik dankbaar voor zijn neproofdieren, evenals de studenten die in de loop der jaren een onderwerp bewerkten en mee observeerden, met name Yolanda van Beek, Dries Berendsen, Harry Blom, Ludovica Cervi, Francis de Groot, Warner Jens, Friso Kuipers, Jan Morren, Joost van de Roovaart, Coen Seur, Ignaas Spruit, René Spijkerman, Marianne Teuns en Marianne van Vlaardingen

Ook al het dierentuinpersoneel dat bijdraagt aan het voortbestaan van de chimpanseegroep ben ik dankbaar, met name Jacky Hommes en de andere (voormalige) chimpanseeverzorg(st)ers: Ciska de Jongh, Bryan Peters en Loes Offermans.

Mijn ervaringen met de Arnhemse chimpansees begonnen in 1979. Ik studeerde biologie aan de Universiteit Utrecht en op een dag kreeg ik een brief van Jan van Hooff. Als verantwoordelijke voor het gedragsonderzoek in Utrecht schreef hij me dat het op korte termijn niet mogelijk was om in het kader van mijn studie onderzoek naar het gedrag van mensenkinderen te doen — en dat wilde ik nou juist graag. Hij had wel een alternatief: chimpansee-onderzoek in Arnhem. De eerste chimpansee die ik bij mijn eerste bezoek zag, was Nikkie: karakteristiek genoeg was hij zich net aan het opladen voor een imponeervertoning. Onder begeleiding van Frans de Waal deed ik in 1979 voor het eerst onderzoek bij de chimps. Samen met Fred Ruoff observeerde ik vooral de volwassen mannen. Medestudente Trix Piepers keek naar het pestgedrag. Haar waarnemingen fungeerden later voor mij als een vooronderzoek. In 1981 nam ik de coördinatie over het onderzoek over van Frans de Waal toen die naar Amerika vertrok. Het idee voor het onderwerp van mijn promotie-onderzoek: 'pesten', was afkomstig van Frans de Waal en Jan van Hooff, aan wie ik veel te danken heb.

Ik heb veel geleerd van de plezierige samenwerking met Bert Haanstra. De manier waarop hij het gedrag van de chimpansees in beeld wist te brengen was meer dan voortreffelijk. De samenwerking is later voortgezet bij de film *Monument voor een gorilla* en bij een poging om een film te maken over spelgedrag bij mens en dier (werktitel *Spelenderwijs*). Bij mijn promotie was hij, samen met Antoon van Hooff, bereid om als paranimf op te treden. In die tijd vertelde Bert me wel eens dat, als hij geen filmer was geworden, hij eigenlijk wel etholoog had willen zijn. Volgens mij is hij dat ook geworden en zijn we met zijn dood in 1997 niet alleen een groot filmer, maar ook een groot waarnemer en etholoog kwijtgeraakt. Bert heeft enkele waardevolle opmerkingen gemaakt bij een prille versie van het manuscript van dit boek. Hij was ervan overtuigd dat er veel belangstelling zou zijn voor de verdere belevenissen van de *Chimps onder elkaar*. Hij zou ook een voorwoord schrijven, maar helaas heeft het zover niet mogen komen.

De titel voor het boek heb ik – met zijn instemming – te danken aan Koos van Zomeren. Hij liep in september 1981 een week lang mee met het onderzoek in Arnhem. Aan het eind van iedere dag namen we de gebeurtenissen door. Zijn indrukken legde hij in november 1981 neer in een artikel in de Nieuwe Revu: *Nikkie: De machtigste chimpansee van Nederland*. Later figureerde het chimpansee-onderzoek in zijn thriller *De hangende man* (1982).

De in de proloog vermelde suggestie van Richard Wrangham en Dale Peterson dat chimpansees evolutionair gezien een conservatieve soort zijn en als gevolg daarvan waarschijnlijk sterk lijken op onze gemeenschappelijke voorouders van zo'n vijf miljoen jaar geleden, is niet onbetwist. Anderen zijn van mening dat bonobo's, met hun plattere gezicht, hun hoger voorhoofd en hun lange benen, veel meer op de gemeenschappelijke voorouder lijken. Het is waarschijnlijk het meest juist ervan uit te gaan dat alle drie de 'chimpanseesoorten' (chimpansee, bonobo, mens), zich sinds hun splitsing ongeveer vijf miljoen jaar geleden verder ontwikkeld hebben en verschillen van de gemeenschappelijke voorouder. De termijn van vijf miljoen jaar is een schatting. De splitsing zou ook zeven miljoen jaar geleden plaats hebben kunnen vinden.

Tijs Goldschmidt heeft het manuscript kritisch doorgelezen. Ik ben hem erkentelijk voor zijn vele waardevolle opmerkingen.

Zonder steun van het thuisfront was dit boek nooit verschenen. In de tijd dat ik onderzoek deed en daarna waren José, Rianne, Otto en Ralf ook regelmatig in de dierentuin te vinden en deelden ze mijn fascinatie voor de apen. Iedere overeenkomst tussen hun (en mijn) gedrag en het gedrag van chimpansees berust niet op toeval.

NOTEN

Proloog: de tijdmachine

1. Wells (1895), mijn vertaling.
2. Diamond (1991), p.15 e.v.
3. Wrangham en Peterson (1996).

Hoofdstuk 1. De machtigste chimpansee van Nederland

1. Een beschrijving van leefomstandigheden en ontwikkelingen is te vinden in Adang e.a. (1987).
2. Adang (1980).
3. De Waal (1982, 1989).

Hoofdstuk 2. Chimps onder elkaar

1. Haanstra e.a. (1984). De opnamen met de leeuw zijn geïnspireerd door experimenten die de Nederlandse etholoog Adriaan Kortlandt in de jaren zestig deed in West-Afrika.
2. Adang e.a. (1987).
3. *Chimps onder elkaar* biedt ook een overzicht (beginnend op 4'12"). Daarbij zijn drie in 1982 geboren kinderen te zien: Ponga, dochter van Puist; Tirza, dochter van Tepel; Hoya, dochter van Henny.
4. Een overzicht is te vinden in Chalmers (1979). Specifiek voor primaten zie Van Hooff & Van Schaik (1992).
5. In *Chimps onder elkaar* (vanaf 15'45") is te zien hoe Mama en Moniek, Gorilla en Roosje samen eten.
6. *Chimps onder elkaar* (39'45"): pesten met water door Moniek.
7. Goodall (1986), Van Hooff (1973). Alle genoemde gedragingen zijn te zien in *Chimps onder elkaar*.
8. *Chimps onder elkaar*: Wouter vraagt toestemming aan Dandy (49'40"); Tepel vraagt Jonas op te houden met pesten (41'03"); Wouter nodigt Krom uit voor een afspraakje (36'08"); Yeroen vraagt om meer sla (15'45").
9. Van Hooff (1973).

Hoofdstuk 3. Natuurlijke intelligentie

1. In *Chimps onder elkaar* is het volgende werktuiggebruik te zien: Jonas schept water met een stokje (6'37"), water drinken met een dopje (vanaf 6'49"), gebruik van stok en boomstam als ladder (vanaf 14'00"; vanaf 18'00"; vanaf 48'50"), Jonas gooit met stokje blade-

ren uit boom (14'35"); Jonas gebruikt stok als hengel (16'15"); gebruik van stokken en stenen als wapen (bijvoorbeeld vanaf 39'00", vanaf 52'20"); gebruik van stengel om naar mieren te vissen (15'00"; beelden uit Afrika).

2. Mary Ann Lindo (in *Het Parool* van 26 september 1984) leek het sterk dat Wouter zo slim was om met een boomstronk de elektriciteitsdraden te omzeilen. Volgens haar speelde de chimp een rol die Bert Haanstra hem vlak daarvoor had voorgespeeld. In de film is (op de achtergrond) te zien hoe Wouter voor de eerste keer en spontaan bezig is aan een stronk te sjorren (2'34").

3. In *Chimps onder elkaar* houdt Wouter een stronk vast, zodat Jonas erin kan klimmen (21'20").

4. McGrew (1992), p.204.

5. Huffmann & Wrangham (1994).

6. Observatie Yolanda van Beek.

7. Schick & Toth (1993) hebben in een experiment een bonobo geleerd door twee stenen op elkaar te slaan scherpe steenschilfers te maken om er een koord mee door te snijden.

8. *Chimps onder elkaar*: 14'35".

9. Dergelijk 'indirect' werktuiggebruik is heel bijzonder. Matsuzawa (1994) heeft het over een 'metawerktuig', een werktuig dat dient als werktuig voor een ander werktuig. Matsuzawa zag het gebruik van een steen als ondersteuning voor een aambeeldsteen bij het kraken van noten, het meest complexe werktuiggebruik dat in het wild is waargenomen. Mulisch (1980, p.195) heeft het over werktuigwerktuigen, secundaire werktuigen of reflexieve werktuigen, die de mens zouden onderscheiden van de dieren: "Pas deze *reflexieve* werktuigen scheiden de mens van de natuur; in die scheiding, die eerste 'afstand' moet het begin van de menselijkheid worden gezien."

10. Van Hooff (1994).

11. Gallup (1970), Gallup e.a. (1995). Er bestaat discussie over het feit of zelfherkenning ook wijst op zelfbewustzijn; zie ook van de Grind (1997, p.278 e.v.).

12. Boesch (1994); Goodall (1986).

13. Meer voorbeelden van misleiding zijn te vinden in Van Hooff (1994).

14. Tomasello (1994); voor een goed overzicht over leerprocessen zie Van de Grind (1997).

Hoofdstuk 4. Vechten, vluchten, verzoenen

1. Een algemene inleiding tot de ethologische benadering van agressief gedrag is te vinden in Wiepkema en Van Hooff (1977), Angst (1980); zie ook Adang (1986e).
2. De Waal & Hoekstra (1980).
3. De Waal (1982).
4. *Chimps onder elkaar*: Nikkie haalt Wouter en Jonas uit elkaar (26'40"); Yeroen stampt en trapt Wouter, Nikkie trapt Jonas (vanaf 27'00").
5. De Waal (1982, 1992).
6. De Waal & Van Hooff (1981) beschrijven 'nevengericht gedrag' (de hoofdrichting is die tussen de twee ruziemakers). Voorbeelden in *Chimps onder elkaar* zijn: Wouter gaat met ontblote tanden naar Nikkie bij een ruzie met Jonas (27'00"); Tepel klaagt bij Mama en Dandy (40'50"); Nikkie zoekt contact met Mama en Yeroen bij bluf van Dandy, direct voorafgaand aan een conflict (vanaf 47'00").
7. Boehm (1992) vergelijkt het patrouilleergedrag met primitieve oorlogvoering; zie ook Wrangham en Peterson (1996).
8. Goodall (1986), p.522.
9. Zie bijvoorbeeld Dawkins (1976).
10. O.a. Maynard Smith (1972, 1974); Maynard Smith & Price (1973); Maynard Smith & Parker (1976). Centraal staat hierbij het begrip evolutionair stabiele strategie. Een strategie is op te vatten als een geprogrammeerde gedragslijn. Een evolutionair stabiele strategie is een strategie die – als de meeste leden van een populatie deze aanvaarden – niet kan worden verbeterd door een alternatieve strategie.
11. De Waal & Van Roosmalen (1979); De Waal (1989).
12. Voorbeelden van (pogingen tot) verzoening in *Chimps onder elkaar*: Fons maakt contact met Nikkie (27'22"); Tepel steekt hand uit naar Jonas (41'03"); Mama maakt contact met Fons en vlooit hem (42'50")

Hoofdstuk 5. Vriendelijkheid en vlooien

1. Adang (1991a).
2. Goodall (1986), p.172.
3. Noë e.a. (1980).
4. Van Hooff (1981)
5. Dawkins (1976)
6. De Waal (1996) gaat over de paradox "that genetic self-advancement

at the expense of others – which is the basic thrust of evolution - has given rise to remarkable capacities for caring and sympathy".

7. Reynolds (1981). Nishida (1994) wijst erop dat het soms onduidelijk is wat er precies wordt uitgewisseld.
8. De Waal (1986), Adang e.a. (in voorbereiding).
9. Nieuwenhuijsen & de Waal (1982).

Hoofdstuk 6. De vreugde van seks

1. Scène uit *Chimps onder elkaar* (38'09").
2. Overigens vertonen bonobo's uitgebreider seksueel gedrag dat veel minder gekoppeld is aan voortplanting (zie De Waal & Lanting, 1997).
3. Noot 7 in de nieuwe uitgave (1998) van De Waal (1982).
4. De Waal (1989, 1992).
5. Adang (1986a).
6. Goodall (1986), p.453 e.v.
7. Pusey (1980).
8. De Waal (1982, 1989).
9. Adang e.a. (in voorbereiding).
10. Mede gebaseerd op waarnemingen door Friso Kuipers en Marianne van Vlaardingen.

Hoofdstuk 7. Baby- en kinderverzorging

1. Trivers (1972), zie ook Dawkins (1976).
2. Zie bijvoorbeeld *Chimps onder elkaar* vanaf 10'02".
3. De Waal (1982).
4. Goodall (1986), p.378 beschrijft een aantal gevallen (in gevangenschap) waarbij een chimpansee een ander van de verdrinkingsdood redt of probeert te redden.
5. Trivers (1974), zie ook Dawkins (1976).
6. Bowlby (1969, 1973), zie ook Hinde (1974).
7. Spijkerman (1996).

Hoofdstuk 8. Spelenderwijs

1. *Chimps onder elkaar* (vanaf 33'40"): Zola draait rond met een dode vogel, alsof ze hem wil laten vliegen.
2. In *Chimps onder elkaar* zijn (vanaf 30'00") spelletjes te zien tussen achtereenvolgens Tarzan en Jakie, Moniek en Jonas, Moniek en Jakie, Tirza en Ponga, Wouter en Jonas, Wouter en Tarzan.
3. Spel met moeder in *Chimps onder elkaar* van Soko, Jakie en Tirza; spel met tante: Fons en Mama, Jing en Krom (vanaf 30'30").

4. In *Chimps onder elkaar* (vanaf 29'13"): spel tussen Fons en Dandy, Roosje en Yeroen, Fons en Yeroen, Wouter en Yeroen.

5. Of zoals bij het spel van Tarzan, Spin, Soko en Zola in *Chimps onder elkaar* (30'00").

6. *Chimps onder elkaar* (29'41"): Fons steekt zijn tong uit tegen Nikkie.

7. *Chimps onder elkaar* (o.a. op 32'25", 33'38"): spelgezicht tijdens solospel.

8. *Chimps onder elkaar* (32'45").

9. Meeting van de European Sociobiological Society, Arnhem, juli 1984. Zeventien wetenschappers hebben Mama's reactie waargenomen.

10. De spelscènes met muziek in *Chimps onder elkaar* (vanaf 31'44") bestaan voornamelijk uit spelletjes die met evenwicht te maken hebben en waar een ronddraaiende beweging gemaakt wordt.

11. Over spelregels en belangentegenstellingen bij sociaal spel zie Fagen (1981).

12. Archer & Birke (1983).

Hoofdstuk 9. Plagen, pesten, provoceren

1. De resultaten van het onderzoek naar pesten zijn gepubliceerd in Adang (1984, 1985).

2. *Chimps onder elkaar* (11'50"): Jonas mishandelt Soko.

3. *Chimps onder elkaar* (51'40").

4. In *Chimps onder elkaar* zijn (vanaf 39'05") diverse voorbeelden van pesten te zien: Jing gooit zand naar Mama; Roosje gooit zand naar Fons; Fons gooit een stokje naar Tepel en slaat Gorilla; Jonas gooit een stokje naar Krom; Fons slaat Nikkie en groet hem tegelijkertijd; Moniek gooit water naar Dandy; Jonas gooit een stok naar Gorilla; Jonas slaat Tepel; Jonas gooit zand naar Amber; Tarzan trekt aan arm Spin; Jonas gooit zand en steen naar Tepel en slaat tegen haar hand; Moniek gooit stokje naar Tepel en wordt gebeten; Moniek (naast Mama gezeten) slaat Gorilla.

Hoofdstuk 10. De ontwikkeling van quasi-agressief gedrag

1. De fragmenten tussen 33'40"- 33'55" en 39'05"- 39'20" in *Chimps onder elkaar* vormen in feite één doorlopende interactie tussen Jing en Mama.

2. De resultaten van het onderzoek naar de ontwikkeling in het pesten zijn gepubliceerd in Adang (1986a, b, c, d) en in populair-wetenschappelijke vorm in Natuur & Techniek (1983), Kijk (1985), Eos (1986) en Aarde & Kosmos (1986).

3. In *Chimps onder elkaar* zijn vanaf 42'00" beelden te zien van pesten met de haren overeind: Fons gooit zand naar Zwart en bluft; Fons bluft, gooit stokje naar Mama, bluft en slaat naar Gorilla, bluft tegen Mama en Henny; Fons en anderen bluffen tegen Gorilla; Fons bluft tegen Zwart die hem bijt, Fons slaat Zwart en krijgt hulp van Moniek en Jakie; Wouter bluft tegen Henny en Puist.

4. Voor een overzicht zie Angst (1980). Niet iedere theorie over agressie zegt iets over de manier waarop agressie zich ontwikkelt in een individu. De bekende frustratie-agressiehypothese zegt bijvoorbeeld alleen iets over de oorzaak van agressie. De leerpsychologische hypothese gaat juist wel over de ontwikkeling van agressief gedrag : het zou via positieve terugkoppeling worden aangeleerd.

5. Spijkerman e.a. (1990).

6. De Waal (1982).

7. Zie o.a. Goodall (1986), Hausfater & Hrdy (1984).

8. Rijksen (1981).

Hoofdstuk 11. In de schaduw van de mens

1. Goodall (1971).

2. Goodall (1986) p.583-6.

3. Kummer (1995).

4. De Waal (1994).

5. Dawkins (1976).

6. Darwin (1859).

7. Diamond (1991), p.184 e.v.

8. Adang (1990), zie ook Hinde (1987).

9. Tijs Goldschmidt, De biologie van het pesten, in *NRC Handelsblad* van 16 mei 1998.

10. Over hooligans autonomen, agenten zie: Adang (1991b, 1998).

11. Auke Kok in *HP/De Tijd* van 29 januari 1993; *Algemeen Dagblad* 26 oktober 1989, *Wall Street Journal* 25 oktober 1989, *NRC Handelsblad* 25 oktober 1989; *Het Parool* 28 april 1990.

12. Van Dijk (1977).

13. Onderzoek van A. Hubert, geciteerd in het *Eindhovens Dagblad* van 28 maart 1998.

14. In menig manager schuilt een aap, *Kommunikatieblad korps Rijkspolitie*, district den Haag, oktober 1992. Onlangs verscheen *Monkey business* (Johnson, 1998) dat, anders dan titel en ondertitel aangeven *niet* gaat over "wat managers en apen gemeen hebben."

15. Het symposium *Leiderschap: learning from the apes* georganiseerd op 6

augustus 1992 te Amersfoort door het Nederlands Studie Centrum.

16. Nishida (1994).

17. Zoals Marcel Hulspas suggereert in *Intermediair*, 11 september 1992, 28, 37, p.29 (Een gen voor overspel)

18. Kummer (1995).

Hoofdstuk 12. Zelfmoord of wanhoopssprong?

1. In de volgende kranten werd aandacht besteed aan de dood van Nikkie: dagbladen aangesloten bij de Persunie (o.a. Zwolse Courant, Het Binnenhof), Arnhemse Courant, De Gelderlander, Malbuger Koerier, NRC Handelsblad, Het Parool, Algemeen Dagblad, Vrije Volk, Brabants Dagblad, Privé, Panorama, Gazet van Antwerpen.

2. Psalm 8, vers 7-9.

3. Boehm (1992) geeft aan dat chimpansees vermoedelijk een beperkt concept van biologisch leven en dood hebben, gezien de manier waarop ze met prooidieren omgaan en de manier waarop moeders met dode kinderen omgaan.

4. Observatie Ignaas Spruit.

5. De Waal (1982).

Epiloog

1. Haanstra (1972).

2. Carla Schulte Fischedick en Christien Brouwer (in: 't Hart e.a., 1987) keken de film feministisch na op de sociale gedragscategorieën seksualiteit, ouderschap en hiërarchie en stelden vast dat de makers van de film zich door seksisme hebben laten leiden. Want hoe verschijnt de chimpanseevrouw primair in beeld? Natuurlijk als bezorgde knuffelende moeder. En de grote chimpanseeman wordt aan het grote publiek voorgesteld als paringsbeluste strateeg in de kolonie-hiërarchie. Ik weet niet wie zich dit verwijt het meest aan zou moeten trekken, de filmmakers of de chimpansees. Aan de beide dames is onze poging om Nikkie's leiderschap te relativeren door de scène met de nepleeuw toe te voegen blijkbaar geheel voorbijgegaan.

3. Het verhaal van de filmvoorstelling voor de apen is eerder gepubliceerd in ZieZoo (1996), Trouw, de Volkskrant en het Eindhovens Dagblad (1997). Het wordt ook vermeld in de nieuwe editie van Chimpanseepolitiek (1998).

LITERATUUR

Adang, O.M.J. (1980), *Scheidende interventies door volwassen mannelijke chimpansees alsmede de positie van de volwassen mannen in de chimpansee-kolonie van Burgers' Zoo.* Doctoraalverslag, Universiteit Utrecht.

Adang, O.M.J. (1984), Teasing in young chimpanzees. *Behaviour* (88): 98-122.

Adang, O.M.J. (1985), Exploratory aggression in chimpanzees. *Behaviour* (95): 138-163

Adang, O.M.J. (1986a), Exploring the social environment: a developmental study of teasing in chimpanzees. *Ethology* (73): 136-160.

Adang, O.M.J. (1986b), Pesten, plagen, provoceren: de ontwikkeling van agressief gedrag bij chimpansees. *Vakblad voor biologen,* 66, 2, 25-27.

Adang, O.M.J. (1986c), Social development of chimpanzees: the role of social exploration. In: *The individual and society,* L. Passera and J. Lachaud, Eds. (Privat, Toulouse), 101-108.

Adang, O.M.J. (1986d), *Teasing, harassment, provocation the development of quasi-aggressive behaviour in chimpanzees.* University of Utrecht, Ph.D. Thesis.

Adang, O.M.J. (1986e), Agressie binnen samenlevingsverbanden. Een ethologische benadering. *Justitiële verkenningen,* 12, 4, 392-410

Adang, O.M.J. (1990), Ethologisch onderzoek en het gedrag van mensen. *NVON maandblad* 15(2):42-44

Adang, O.M.J. (1991a), Affinitief gedrag bij primaten. In: *Tederheid* (A.D. de Groot & J.P. Kruijt, redactie.), Stichting voor Interdisciplinair Gedragswetenschappelijk Onderzoek (SIGO), Amsterdam.

Adang, O.M.J. (1991b), Gedrag van mensen tijdens rellen. In: *Agressie:* determinanten, signalering, interventie (P.B. Defares & J.D van der Ploeg, redactie.). Van Gorcum, Assen/ Maastricht.

Adang, O.M.J. (1998) *Hooligans, autonomen, agenten.* Geweld en politie-optreden in relsituaties. Samsom, Alphen aan den Rijn.

Adang, O.M.J., F.B.M. de Waal, J.A.R.A.M. van Hooff en J.C. van den Roovaart, (in voorbereiding) *Sexual bargaining among adult male chimpanzees.*

Adang, O.M.J., J. A. B. Wensing, J.A.R.A.M. van Hooff (1987), The Arnhem Zoo colony of Chimpanzees development and management techniques. *International Zoo Yearbook* (26), 236-248.

Angst, W. (1980), *Aggression bei Affen und Menschen.* Springer-Verlag Berlin.

Archer, J. & L. Birke (1983), *Exploration in animals and humans*. Van Nostrand Reinhold, Wokingham.

Baerends, G.P. e.a. (1973), *Ethologie, de biologie van gedrag*. Pudoc, Wageningen.

Boehm, C. (1992), Segmentary 'warfare' and the management of conflict: comparison of East African chimpanzees and patrilineal-patrilocal humans. In: *Coalitions and alliances in humans and other animals* (A.H. Harcourt & F.B.M. de Waal, eds). Oxford University Press, Oxford.

Boehm, C. (1994), Pacifying interventions at Arnhem Zoo and Gombe. In: *Chimpanzee cultures* (R.W. Wrangham, W.C. McGrew, F.B.M. de Waal & P.G. Heltne, eds.) Harvard University Press, Cambridge

Boesch, C. (1994), Hunting strategies of Gombe and Taï chimpanzees. In: *Chimpanzee cultures* (R.W. Wrangham, W.C. McGrew, F.B.M. de Waal & P.G. Heltne, eds.) Harvard University Press, Cambridge.

Bowlby, J. (1969), *Attachment and loss*, vol. 1 *Attachment*, Hogarth, London.

Bowlby, J. (1973), *Attachment and loss*, vol. 2 *Separation*. Hogarth, London.

Chalmers, N. (1979), *Social behaviour in primates*. Londen, Edward Arnold.

Darwin, C. (1859), *The origin of species*. John Murray, Londen.

Dawkins, R. (1976), *Het zelfzuchtig erfdeel*. Bruna, Utrecht.

Diamond, J. (1991), *The rise and fall of the third chimpanzee*. Radius, London.

Dijk, J.J.M. van (1977), *Dominantiegedrag en geweld*. Een multidisciplinaire visie op de veroorzaking van geweldmisdrijven. Dekker & Van de Vegt, Nijmegen.

Fagen, R. (1981), *Animal play behavior*. Oxford University Press, New York.

Gallup, G.G. (1970), Chimpanzees: self-recognition. *Science* 167, 86-87.

Gallup, G.G., D.J. Povinelli, S.D. Suarez, J.R. Anderson, J. Lethmate, & E.W. Menzel (1995), Further reflections on self-recognition in primates. *Animal Behaviour* 50, 1525-32.

Goodall, J. (1971), *In the shadow of man*. Houghton Mifflin, Boston. In het Nederlands: *In de schaduw van de mens*. Elsevier, Amsterdam.

Goodall, J. (1986), *The chimpanzees of Gombe*. Patterns of behavior. The Belknap Press of Harvard University Press.

Grind, W. van de (1997), *Natuurlijke intelligentie*. Over denken, intelligentie en bewustzijn van mens en andere dieren. Nieuwezijds, Amsterdam.

Haanstra, B. (1972), Schieten met een camera. In: *Bij de beesten af* (B. Haanstra e.a.), Ploegsma, Amsterdam.

Haanstra, B., O.M.J. Adang & J.A.R.A.M. van Hooff (1984), *Chimps onder elkaar/The Family of Chimps*. Bert Haanstra Films bv, Laren.

Hart, J. e.a., redactie (1987), *Een barst in het bolwerk*. Vrouwen, natuurwetenschappen en techniek. SUA, Amsterdam.

Hausfater, G. & S.B. Hrdy (1984), *Infanticide*. Aldine, New York.

Hinde, R.A. (1974), *Biological bases of human social behaviour*. McGraw-Hill, New York.

Hinde, R.A. (1987), Can nonhuman primates help us understand human behavior? In: *Primate societies* (B.B. Smuts, D.L. Cheney, R.M. Seyfarth, R.W. Wrangham & T.T. Struhsaker, eds.) University of Chicago Press, Chicago.

Hooff, J.A.R.A.M. van (1973): A structural analysis of the social behaviour of a semi-captive groep of chimpanzees. In: *Expressive movement and non-verbal communication* (M. von Cranach & I. Vine, eds). Academic Press, London.

Hooff, J.A.R.A.M. van (1981), Inleiding in de evolutionaire verklaring van sociaal gedrag. In: *Sociobiologie ter discussie*. Evolutionaire wortels van menselijk gedrag? (F.B.M. de Waal, redactie) Bohn, Scheltema & Holkema, Utrecht.

Hooff, J.A.R.A.M. van (1994), Understanding chimpanzee understanding. In: *Chimpanzee cultures* (R.W. Wrangham, W.C. McGrew, F.B.M. de Waal & P.G. Heltne, eds.) Harvard University Press, Cambridge.

Hooff, J.A.R.A.M. van & C.P. van Schaik (1992), Cooperation in competition: the ecology of primate bonds. In: *Coalitions and alliances in humans and other animals* (A.H. Harcourt & F.B.M. de Waal, eds). Oxford University Press, Oxford.

Huffman, M.A. & R.W. Wrangham (1994), Diversity of medicinal plant use by chimpanzees. In: *Chimpanzee cultures* (R.W. Wrangham, W.C. McGrew, F.B.M. de Waal & P.G. Heltne, eds.) Harvard University Press, Cambridge.

Johnson, G. (1998), *Monkey business*. Wat managers en apen gemeen hebben. Thema.

Kummer, H. (1995), *In quest of the sacred baboon*. Princeton University Press, Princeton.

Matsuzawa (1994), Field experiments on use of stone tools in the wild. In: *Chimpanzee cultures* (R.W. Wrangham, W.C. McGrew, F.B.M. de Waal & P.G. Heltne, eds.) Harvard University Press, Cambridge.

Maynard Smith, J. (1972), Game theory and the evolution of fighting. In: *On Evolution* (J. Maynard Smith). Edinburgh University Press, Edinburgh.

Maynard Smith, J. (1974), The theory of games and the evolution animal conflict. *Journal of Theoretical Biology* 47, 209-21.

Maynard Smith, J. & G.A. Parker (1976), The logic of assymetric contests. *Animal Behaviour* 24, 159-175.

Maynard Smith, J. & G.R. Price (1973): The logic of animal conflicts. *Nature* 246, 15-18.

McGrew, W.C. (1992), *Chimpanzee material culture*. Implications for human evolution. Cambridge University Press, Cambridge.

Mulisch, H. (1980), *De compositie van de wereld*. De Bezige Bij, Amsterdam.

Nieuwenhuijsen, K. & F.B.M. de Waal (1982), Effects of spatial crowding on social behavior in a chimpanzee colony, *Zoo Biology*, I, 5-28.

Nishida, T. (1994), Review of recent findings on Mahale chimpanzees: implications and future research directions. In: *Chimpanzee cultures* (R.W. Wrangham, W.C. McGrew, F.B.M. de Waal & P.G. Heltne, eds.) Harvard University Press, Cambridge.

Noë, R., F.B.M. de Waal & J.A.R.A.M. van Hooff (1980), Types of dominance in a chimpanzee colony. *Folia Primatologica*, 24, 90-110.

Pursey, A.E. (1980), Inbreeding avoidance in chimpanzees. *Animal Behaviour* 28, 543-552.

Reynolds, P.C. (1981), *On the evolution of human behavior*. University of California Press, Berkeley.

Rijksen, H.D. (1981), Infant killing: a possible consequence of a disputed leader role. *Behaviour* 78, 139-168.

Schick, K. & N. Toth (1993), *Pan the tool-maker*: investigations into the stone tool-making and tool-using capabilities of a bonobo. Simon & Schuster.

Spijkerman, R.P., J.A.R.A.M. van Hooff & W. Jens (1990), A case of lethal infant abuse in an established group of chimpanzees. *Folia Primatologica* 55, 41-44.

Spijkerman, R.P. (1996), *Effects of peer-only rearing in young chimpanzees*: a comparison of social behaviour development in peer and family groups. Ph. D. Thesis, Unversity Utrecht.

Tomasello, M. (1994), The question of chimpanzee culture. In: *Chimpanzee cultures* (R.W. Wrangham, W.C. McGrew, F.B.M. de Waal & P.G. Heltne, eds.) Harvard University Press, Cambridge.

Trivers, R.L. (1972), Parental investment and sexual selection. In: *Sexual selection and the descent of man* (B. Campbell, red.). Aldine, Chicago.

Trivers, R.L. (1974), Parent-offspring conflict. *American Zoologist* 14, 249-64.

Waal, F.B.M. de (1982), *Chimpanzee politics*. Harper & Row, New York. In het Nederlands: *Chimpanseepolitiek*. Becht, Amsterdam. New edition (1998) The John Hopkins University Press, Baltimore.

Waal, F.B.M. de (1989), *Peacemaking among primates*. Harvard University Press, Cambridge. In het Nederlands: *Verzoening. Vrede stichten onder apen en mensen*. Het Spectrum, Utrecht.

Waal, F.B.M. de (1992), Coalitions as part of reciprocal relations in the Arnhem chimpanzee colony. In: *Coalitions and alliances in humans and other animals* (A.H. Harcourt & F.B.M. de Waal, eds). Oxford University Press, Oxford.

Waal, F.B.M. de (1994), Chimpanzee's adaptive potential: a comparison of social life under captive and wild conditions. In: *Chimpanzee cultures* (R.W. Wrangham, W.C. McGrew, F.B.M. de Waal & P.G. Heltne, eds.) Harvard University Press, Cambridge.

Waal, F.B.M. de (1996) *Good natured. The origins of right and wrong in humans and other animals*. Harvard University Press, Cambridge, Mass. In het Nederlands: *Van nature goed*. Contact.

Waal, F.B.M. de & J.A.R.A.M. van Hooff (1981), Side-directed communication and agonistic interactions in chimpanzees. *Behaviour* 77, 164-198.

Waal, F.B.M. de & A. Hoekstra (1980), Contexts and predictability of aggression in chimpanzees. *Animal Behaviour*, 28, 929-37.

Waal, F.B.M. de & A. van Roosmalen (1979), Reconciliation and consolation among chimpanzees. *Behavioral Ecology Sociobiology* 5, 55-66.

Waal, F.B.M. de & F. Lanting (1997), *Bonobo: the forgotten ape*. University of California Press, Berkely. In het Nederlands: *Bonobo, de vergeten mensaap*. Natuur &Techniek, Beek.

Wells, H.G. (1895), The time machine. Heruitgegeven in: *Selected short stories*. Penguin Books, Harmondsworth.

Wiepkema, P.R. & J.A.R.A.M. van Hooff, redactie (1977), *Agressief gedrag*. Oorzaken en functies. Bohn, Scheltema & Holkema, Utrecht.

Wrangham, R.W., McGrew, W.C., F.B.M. de Waal & P.G. Heltne (1994), *Chimpanzee cultures*. Harvard University Press, Cambridge.

Wrangham, R. & D. Peterson (1996), *Demonic males*. Houghton Mifflin Company. In het Nederlands: *Agressieve mannetjes*. Uitgeverij Nieuwezijds, Amsterdam (1998).

Zomeren, K. van (1982), *De hangende man*. Arbeiderspers, Amsterdam.